CHARLES DUPLOMB

CHAILLOT

ET

SES SOUVENIRS

1923

CHAILLOT

ET

SES SOUVENIRS

CHAILLOT

ET

SES SOUVENIRS

1923

Paris le 10 janvier 1923.

Monsieur et cher Collègue,

je m'empresse de vous communiquer les renseignements que vous désirez sur le promenoir de Chaillot et sur la place de l'Étoile.

Le projet de loi concernant la vente des terrains de l'ancien promenoir de Chaillot a été adopté en 1854. Il comporte 5 articles dont le premier est ainsi conçu :

« La Ville de Paris est autorisée à vendre
« les terrains de l'ancien promenoir de Chaillot
« qui lui a été concédé par la loi du 8 juillet 1852,
« à la charge par elle de remplacer cet ancien
« promenoir par des promenades nouvelles, établies
« sur les parties latérales de la route départementale

« qui doit être ouverte entre la place de l'Étoile
« et la porte Dauphine du Bois de Boulogne .

M. le comte de Pawlet avait fondé, rue de Sèvres,
une école des orphelins militaires en faveur des
fils de vétérans de tous les grades militaires
(voir Thiéry). Cette installation était provisoire
et M. de Pawlet avait l'intention de le transporter
sur la butte de l'Étoile. Il avait même acheté à cet
effet un vaste terrain entre Chaillot et le Bois
de Boulogne.

Le Maréchal de Soubise s'opposa à
la réalisation de ce projet. Sa lettre est datée
du 11 décembre 1786.

Dans une étude sur Chaillot, que je
vais publier dans quelques jours, il est à lire

documents ci-dessus, avec accompagnement de
commentaires.

Veuillez croire, monsieur et cher
collègue, à l'assurance de mes meilleurs sentiments

Fr. Duplomb.

16. Rue Christophe Colomb.

AU LECTEUR

Comme tout bon Parisien, j'aime mon quartier, mon vieux quartier de Chaillot. Sans doute, ses titres de noblesse ne sauraient être comparés à ceux de la Cité ou du faubourg Saint-Germain, puisque, pendant longtemps, il n'a été qu'un modeste village, couvert de cultures, où « les pigeons et les poules se promenaient tranquillement dans les rues sans être aucunement dérangés ». Mais des souvenirs intéressants se rattachent à son existence et je lui dois bien de les rappeler, par reconnaissance pour l'hospitalité qu'il me donne depuis plus de trente-cinq ans et qu'il me donnera, je l'espère du moins, pendant quelques années encore.

Tout d'abord, permettez-moi de vous dire, en quelques mots, ce qu'a été Chaillot à l'origine et comment, par suite de transformations successives, il est devenu ce qu'il est aujourd'hui.

C. D.

INTRODUCTION

L'espace qui aujourd'hui s'étend de Chaillot à Boulogne s'appelait autrefois du nom de *Nimio*.

Saint Bertram, Évêque du Mans, poitevin de naissance, y possédait un domaine et des vignes. A la suite d'une généreuse donation du roi Clotaire II, il devint propriétaire du village de Nimio, appelé également *Nijeon* : il le légua, à sa mort (623), à l'Église de Paris.

A une époque qu'il est difficile de préciser, les habitants du village de Nijeon se séparèrent. Les uns allèrent vers les sources et les marais, formant ainsi le village d'Auteuil ; les autres s'installèrent sur la côte, vers Paris, dans la partie abattue de la forêt de Rouvray.

Telle fut l'origine du village de Chaillot, qui est désigné pour la première fois dans une Bulle d'Urbain II (1097).

Le territoire de Chaillot resta pendant bien longtemps couvert de vignes (1), de jardins, de terres labourées. « Que nul, est-il dit dans le *Livre des métiers* d'Étienne Boileau, n'achate oez (oies) que en place et ez champs qui sont entre le ponceau du Rouls, le pont de Chailloneau jusques aux faubourgs de Paris, aus costés d'entre Saint-Honoré et le Louvre. » C'était en effet là, dans de vastes parcs de volaille, que venaient s'approvisionner les marchands d'oies.

Le premier propriétaire de la seigneurie de Chaillot fut, au XIIIe siècle, Jean Arrode. « Sa tombe, au cimetière de Saint-Martin-des-Champs, le qualifie de seigneur de Challiau, et cette même qualification est donnée à Nicolas Arrode, décédé en 1316. »

---

1. Arrest du Conseil d'Estat du Roy qui ordonne que les habitans du fauxbourg de la Conférence, appelé Chaillot, payeront les trente sols des pauvres pour le vin du cru de leur territoire (22 mai 1691).

Parmi les successeurs de Jean Arrode dans la Seigneurie de Chaillot, nous citerons tout particulièrement Gui de Levis, seigneur de Marly-le-Château, qui, en 1472, fut dépossédé de cette Seigneurie en faveur du Roi Louis XI. Cette dépossession survint à la suite d'une sentence du Prévôt de Paris, rendue à l'occasion de quelques prisonniers détenus dans les prisons seigneuriales de Chaillot. La haute justice adjugea alors à la Couronne la terre de Chaillot, avec droit des Aubaines (1) et biens vacants appartenant à haute justice.

En 1474, Louis XI fit don à Philippe de Commines, sire d'Argenton (2), son conseiller et son chambellan, de la Seigneurie de Chaillot (3).

En 1576, Catherine de Médicis, propriétaire de la Seigneurie de Chaillot, commença la construction d'un château qui devait s'élever à mi-côte (en face du pont d'Iéna aujourd'hui), avec pavillon central. Les embarras financiers dans lesquels cette Reine se débattit pendant les dernières années de sa vie l'empêchèrent d'en achever les travaux.

Henri IV et Marie de Médicis ayant renoncé à la succession de Catherine, le château fut acquis, en 1589, par *Pierre Jeannin*, dit le Président, qui, à sa mort (1623), le légua à sa fille Mme de Castille, habitant elle-même Chaillot.

Sept ans après, le **12 janvier 1630**, le château de Chaillot était vendu par cette dernière au Maréchal de Bassompierre.

« Je commençai l'année 1630, a écrit le Maréchal dans ses *Mémoires*, par l'acquisition de Chaillot, dont je passai le contrat le 12 de janvier. » Ce château comportait alors « une maison joignant le clos des Minimes de Nijeon (4), plus la haute justice, appar-

---

1. Droit par lequel la succession d'un étranger non naturalisé était attribuée au Souverain. Il fut supprimé en 1819 (loi du 14 juillet).

2. Né en 1445, au château de Commines, à 13 kilomètres de Lille. Le monument sur lequel il est représenté ainsi que sa femme, Hélène de Chambes-Montsoreau, fille du seigneur d'Argenton, a été sauvé, sous la Révolution, par Alex. Lenoir. Dans la *Description historique et chronologique des monuments de sculpture réunis au Musée des Monuments français*, le monument porte le numéro 93.
Les statues de Commines et d'Hélène de Chambes sont au Louvre.

3. On croit qu'elle était située *rue des Batailles*, rue qui a été, en grande partie, absorbée par *l'avenue d'Iéna*.
Les lettres de don, datées de 1474, établissent que cette seigneurie était en masure, elle contenait 7 arpents de jardins, 3 arpents de vignes, 16 ou 20 arpents de terres.

4. L'ordre des Minimes fut transporté à Chaillot par Anne de Bretagne, en 1496.

Silvestre Sculp
Veuë du Chasteau de Chaillot proche de Paris
Israel excud. cum privil. Regis

tenances et dépendances d'icelle et autres droits de juridiction, avec tous les meubles qui étaient dans la dite maison, moyennant la somme de 80.425 £ 15 sols. »

Le château fut l'objet de la part du Maréchal de nombreux et importants embellissements. Il le décora avec un grand luxe. « C'est le Maréchal, a écrit G. Brice, qui fit revêtir de pierre de taille toute la longueur du *Cours la Reine*, du côté de la rivière, pour prévenir les dommages que les débordements pouvaient causer. Peut-être voulait-il faire cette dépense parce que le parcours du cours donnait de l'agrément à la maison de plaisance qu'il avait fait élever un peu plus loin sur le bord de l'eau, vers l'année 1630. »

Le séjour du Maréchal à Chaillot fut de courte durée. Enfermé à la Bastille en 1631, par ordre du Cardinal de Richelieu, il y resta pendant de longues années. Mais le château n'en resta pas pour cela inhabité. Nous y trouvons, comme locataires de passage, Mme de Nemours qui dut céder la place au Cardinal lui-même (1); puis, après lui, l'illustre Président Séguier.

Bassompierre sortit de prison en 1642, à la mort du duc de Richelieu.

En 1646, le vieux roi de Pologne Ladislas IV épousa à Paris, par procuration, Marie-Louise de Gonzague, fille aînée du duc de Mantoue. *Princesse encore belle et agréable, quoi quelle eut déjà passé les premières années de cette jeunesse qui a toujours eu le privilège d'embellir toutes les dames* (2).

Les négociateurs de ce mariage furent le comte Opalinski, Palatin de Posnanie et l'Évêque de Varmie. Accompagnés d'une suite nombreuse et brillante, ils logèrent au Palais royal, où eurent lieu toutes les réceptions et les fêtes données en leur honneur.

Mais Bassompierre voulut, lui aussi, les recevoir, et il les reçut magnifiquement dans son château de Chaillot. *Le régal fut fort honnête, rien ne manqua au festin*, dit Tallemant des Réaux. Il aurait pu ajouter : on y but plus que de raison.

Ce fut la dernière grande réception que le Maréchal fit à

1. « M. le Cardinal s'en revint à Charonne m'ayant, en passant, envoyé demander en prêt ma maison de Chaillot, pour y aller loger durant le tems que le Roy demeurerait à Madrid ». (Mémoires de Bassompierre, t. II, p. 159.) Le Cardinal y revint à trois reprises.

2. Mémoires de Mme de Motteville. Cette princesse, étant née en 1612, avait trente-quatre ans.

Chaillot, car il mourut cette même année 1646. « En ce temps, finit cet illustre Bassompierre, tant vanté dans le siècle pour sa galanterie. Il était allé à Pons... Il y tomba malade d'une fièvre continue, dont il guérit au bout de quelques jours; et comme il revenait à la Cour, à la première hôtellerie où il coucha, sans montrer aucun signe de se sentir plus mal, ses domestiques, le lendemain, le trouvèrent mort dans son lit (1). »

Le Maréchal fut enterré dans l'église de Saint-Pierre de Chaillot.

Le domaine de Chaillot passa un instant dans les mains du *Comte de Tillière*; puis, fut vendu par autorité royale, en 1651, à *Henriette Marie de France*, veuve de Charles Ier, Roi d'Angleterre, qui fut autorisée à établir, dans la paroisse de Chaillot, un couvent de *Religieuses de la Visitation*.

Au mois de juillet 1659 (2), Chaillot fut érigé en faubourg, sous le nom de *Faubourg de la Conférence*. Mais le Roi ayant voulu que ce faubourg continuât à être considéré comme village et que la taille ne fût pas changée, cette décision fut attaquée par les maîtres et gardes jurés des divers métiers de Paris. C'est alors que les Visitandines qui, par l'acte d'acquisition du domaine de Chaillot, avaient droit de Seigneurie, intervinrent près du Roi comme propriétaires de la moyenne et basse justice et engagistes de la haute. Leur intervention donna lieu à un second arrêt (1707) confirmant la volonté royale.

C'était encourager la fraude. « Non seulement les habitants faisaient entrer leurs marchandises sans rien payer, mais ils y faisaient entrer des marchandises de contrebande. Il y avait à Chaillot des entrepôts publics de toutes sortes de marchandises qui entraient ensuite dans la ville sans rien payer. »

Le faubourg fut fermé, des barrières furent posées (arrêt du 11 juillet 1716 (3). Mais la fraude continua jusqu'au jour où

---

1. Mémoires de Mme de Motteville.

2. Arrest du Conseil d'Estat du Roy et Lettres patentes sur celui du 17 juillet 1659, qui érige la paroisse de Chaillot en fauxbourg de Paris, aux mêmes privilèges et droits auxquels sont assujettis les bourgeois de ladite ville.

3. Arrest du Conseil d'Estat du Roy, qui permet à Paul Manis, adjudicataire des fermes-unies, de faire poser des barrières pour fermer le bourg de Chaillot, dit faubourg de la Conférence, d'établir des bureaux et commis et de prendre telles maisons qu'ils trouveront à propos, en payant le prix aux propriétaires, etc. (11 juillet 1716),

Chaillot paya les droits d'entrée imposés aux autres faubourgs (arrêt du 24 juillet 1741) (1).

Le faubourg de Chaillot fut enclavé dans Paris par la dernière clôture élevée sous Louis XVI.

Cet excès d'honneur ne l'enivra pas. Il resta campagnard dans la ville, et, en 1830, a écrit J. Sandeau, il était encore *un asile où les âmes fatiguées pouvaient se faire aux portes de Paris, une vie calme et pleine de loisirs.*

Auguste Luchet nous a laissé une jolie description du Chaillot de 1830 : « Partout du calme en plein jour, écrit-il, dans ses *Esquisses parisiennes*, les rues toujours propres, les boutiques sans ornement, murées à hauteur d'appui et vitrées à petits carreaux ; des jardins à presque toutes les maisons, des cours où l'herbe pousse verte et longue comme dans un pré ; des enseignes comme on en voit en voyageant sur les routes royales, dans les villages de cinquante feux ; les voisins causant familièrement d'un côté à l'autre de la rue et se donnant ainsi, de manière à être entendu à un quart de lieue, des nouvelles réciproques de leur santé, de la grossesse de leur femme... qui pourrait, en remarquant toutes ces choses, ne pas se croire à vingt lieues de la capitale. »

Quant aux coutumes des habitants de Chaillot, elles n'offraient rien de bien particulier.

Celle appelée Befeht ou Beschs, qui existait au xiiᵉ siècle, avant les affranchissements, et d'après laquelle la femme suivait le sort de son mari ainsi que les enfants, n'était pas spéciale à Chaillot. Elle existait dans d'autres terres appartenant au Roi.

Une seule coutume était particulière à Chaillot, celle qui, chaque année, obligeait ses habitants à offrir à l'Abbé de Saint-Germain-des-Prés, ou en son absence, à son Receveur, deux grands bouquets et une demi-douzaine de petits, avec un fromage gras fait du lait de leurs vaches qui paissaient à l'isle Maque-relle, et un denier parisis pour chaque vache.

Ce que Chaillot avait vraiment de remarquable, c'était son coteau si pittoresque, si riant aux bords de la Seine, qui n'a

1. Arrest du Conseil d'Estat du Roy, du 24 janvier 1741, qui ordonne l'établissement des barrières des faubourgs, notamment celui de Chaillot, fait défenses d'entrer ou sortir par ailleurs que par les barrières, établit des corps de garde, etc., prescrit la fermeture de toutes les communications des maisons, des jardins, marais et terrains du côté de la campagne.

disparu qu'au milieu du siècle dernier. « Sur la pente douce et agréable d'une colline qui borde le rivage du côté du nord, a écrit Néel (1), s'élèvent des maisons sans nombre, plus jolies les unes que les autres, qui forment la perspective d'une grosse ville, que nous longions de fort près, lorsque j'apperçus à l'une de ses extrémités deux gros pavillons octogones à la romaine, ornés de girouettes, percés d'un écusson respectable et aboutissans à une terrasse qui règne le long d'un parterre charmant. Je faisais observer à un abbé qui était venu se mettre à côté de moi qu'apparemment dans le tems des Croisades de la Terre Sainte, cette ville avait manqué d'être prise d'escalade du côté de la mer par les Turcs, puisque les échelles y étaient encore restées attachées aux murs, ou que c'étoit peut-être ce que nos plus grands voyageurs ont nommé les Échelles du Levant ; mais il me dit que ce village s'appelait Chaillot, que ces pavillons avaient été bâtis par Son Altesse Royale et que ces échelles servaient aux blanchisseuses du pays pour aller laver leur linge. »

Depuis 1748, date de la première édition du *Voyage de Saint-Cloud par terre et par mer*, que de changements, que de transformations dans ce coin de Paris ! Le coteau fut remué une première fois pour y élever un palais au Roi de Rome, palais resté inachevé, comme le furent du reste les projets de 1856, qui comportaient, entre autres embellissements, l'érection d'un monument à la gloire de l'armée d'Italie, la construction d'une fontaine et d'une vaste cascade.

Les premiers grands travaux entrepris pour la transformation du coteau de Chaillot datent de 1865, à l'occasion de l'Exposition universelle de 1867. Les terres servirent à remblayer le Champ de Mars.

Les travaux de transformation furent continués en 1878. Le Palais du Trocadéro date de cette époque.

Des maisons à cinq étages ont remplacé les jolis pavillons et les jardins d'autrefois ; les établissements civils et religieux, premiers locataires de l'endroit, ont tous disparu, à l'exception de la Savonnerie, aujourd'hui la Manutention ; des avenues et des voies mieux aérées ont été percées à travers les rues de l'ancien Chaillot.

1. *Voyage de Saint-Cloud par terre et par mer.*

Vue des bons Hommes près Paris

(Israel Sylvestre)

LES MINIMES OU LES BONSHOMMES

(1496-1790)

Le couvent des Bonshommes, situé sur la route de Versailles, à mi-côte du coteau, était la fondation la plus ancienne de Chaillot. Il était de l'ordre des Minimes, dont le fondateur saint François de Paule, Italien de naissance, fut appelé par Louis XI, au château de Plessis-lez-Tours (1).

« Louis XI lui-même fut au devant du saint personnage, le reçut avec autant d'honneur et de soumission que si ç'eut été le pape, et le conjura de lui sauver la vie (2). — François lui répondit que la vie des Rois, comme celle des autres hommes, était dans la main de Dieu... »

François s'agenouilla pour obtenir du Tout-puissant la santé de l'âme et du corps du prince. « Ne demandons pas tant choses à la fois, dit le Roi, contentons-nous de la santé du corps, celle de l'âme viendra après. »

Louis XI fit loger saint François de Paule tout près de lui, dans une petite maison, près de la chapelle de Saint-Mathieu. Il le traita avec une très grande considération, mais ses courtisans, choqués de la rudesse des manières et de la malpropreté de l'habillement du saint homme, tournèrent ce dernier en ridicule, l'appelant par dérision *le Bonhomme*. C'est de là, dit-on, que les Minimes ont reçu, en France, le nom de *Bonshommes*.

Ce fut surtout Charles VIII qui combla d'honneur saint François de Paule. « Il lui fit bâtir un couvent dans le parc de Plessis-lez-Tours, au bois appelé *les Montils*, et lui donna une pension suffisante pour lui et ses religieux. Il lui en fit encore bâtir un autre à Amboise, sur la place où il l'avait reçu n'étant encore

---

1. Le château de Plessis-lez-Tours, construit par Louis XI, entre 1453 et 1472, est à 3 kilomètres environ au sud-ouest du centre de la ville de Tours. Quand on traverse la Loire, on aperçoit, à gauche, les restes de ce château.

2. Dans l'église du couvent, en face de l'autel, on voyait un tableau représentant Louis XI recevant saint François de Paule (Thierry).

que dauphin, et voulut que les religieux de ce monastère fussent entretenus sur le revenu de ses finances... »

Enfin, en 1496, sa femme Anne de Bretagne transporta l'ordre des Minimes ou des Bonshommes à Chaillot, dans le manoir de Nijeon ou Hôtel de Bretagne que possédaient, depuis le xiv° siècle, les ducs de Bretagne. — Guy de Bretagne, duc de Penthièvre, y mourut en 1331, et Marie de Bretagne, fille de Charles de Chastillon, en fut propriétaire en 1360. — En 1427, Jean VI, duc de Bretagne, en fut dépossédé par le roi d'Angleterre, qui fit don du manoir au comte de Salisbury, sa vie durant, en même temps que d'un autre hôtel et de terres situées à Chaillot.

Le duc de Bretagne ne rentra en possession de son bien qu'en 1428, à la mort du comte de Salisbury, et Anne de Bretagne, fille de François II, dernier duc de Bretagne, en hérita en 1488.

A l'hôtel de Bretagne qu'elle donna, avons-nous dit, aux Minimes, la reine Anne y ajouta « un terrein de six arpens trois quartiers et demi, situés dans la paroisse de Chaillot, pour y bâtir et achever le monastère déjà commencé sous le titre de : *Notre-Dame de toutes Grâces*, du nom d'une ancienne chapelle qui était en ce lieu ».

G. Brice, Thierry, Hurtaut, Cocheris et beaucoup d'autres historiens sur Paris, ont donné du couvent des Bonshommes une description détaillée : nous nous bornerons donc à en faire un résumé, auquel nous ajouterons quelques détails intéressants relevés pendant le cours de notre étude.

L'église était assez grande. C'était une longue voûte, avec chapelles sur le côté. Sur les vitres étaient peints l'ancien et le nouveau Testament. « Les vitraux des Minimes de Passy, a écrit A. Lenoir, datent du temps de Louis XII. Le peintre a représenté Anne de Bretagne dans plusieurs de ses tableaux. Les plus beaux et les plus remarquables sont ceux qui étaient placés dans l'église, aussi ont-ils été les plus maltraités. Depuis le départ des religieux (1), les passans se faisaient un plaisir de lancer des pierres dans ces chefs-d'œuvres. Je ne puis, ajoute-t-il, leur assigner un auteur connu, mais, correction de dessin, grand style et belle

____

1. 1790.

couleur, tout annonce qu'ils ont été exécutés d'après les cartons d'Albert Durer, puisque plusieurs sont gravés dans ses œuvres (1). »

Le grand autel, le tabernacle, d'un beau marbre blanc, avec colonnes de jaspe et figures de bronze doré, étaient dus, l'un et l'autre, à la libéralité du marquis Henri de Senneterre, chevalier des ordres du roi.

Quatre tableaux de Sébastien Leclerc étaient suspendus dans l'avant-chœur. Ils représentaient *la Décollation de saint Jean, le Baptême de Notre-Seigneur,* une *sainte Geneviève* et *un ange repoussant le démon,* qui veut éteindre son cierge.

La sacristie renfermait des reliquaires nombreux et un certain nombre de tableaux, dont un par La Hyre, représentant *l'Adoration des bergers.*

Le côté gauche de l'église était occupé par des *chapelles,* dans lesquelles se trouvaient des tombeaux de personnages célèbres.

Nous citerons ceux de :

Françoise Veyni (1507), femme d'Antoine Duprat, ex-avocat du Roi au parlement de Toulouse, qui devint Archevêque de Sens, Cardinal et Légat du Saint-Siège.

De *Jean d'Alesso,* petit-neveu de saint François de Paule.

D'*Olivier d'Ormesson,* contrôleur général des finances.

Du *vice-amiral d'Estrées,* mort le 14 juillet 1707.

De *Jean Quintin,* dont le corps fut porté à Saint-Jean de Latran, mais dont le cœur reposait à Chaillot, dans la chapelle Sainte-Anne.

Sous le chevet de l'église était placé *le caveau servant de sépulture aux Pères.*

Le cloître, construit en pierre de taille, avait 52 arcades (14 de long et 12 de large), entre lesquelles on avait peint sur verre, en couleurs bleu et rouge fort vives, les persécutions de l'Église militante. Des ouvriers travaillant aux travaux de l'exposition de 1900, mirent à jour, dit-on, quelques-unes de ces vieilles arcades.

« Quant aux peintures sur verre qui étaient placées à hauteur d'homme, les ignorans ont eu peu de fatigue à les briser (2). »

---

1. *Description historique et chronologique des monuments de sculpture réunis au Musée des Monuments français.*
2. Id.

Le réfectoire pouvait contenir cent religieux. « Ses vitraux paraissaient avoir été exécutés antérieurement à ceux de l'église, c'est-à-dire avant Louis XII. Les caractères du dessin et les idées libres que l'auteur s'est permis d'exécuter, tout m'autorise à l'affirmer ; aussi ont-ils été plus ménagés (1). »

La bibliothèque contenait plus de 10.000 volumes.

En outre des bâtiments du cloître, qui étaient très importants, le couvent des Bonshommes comprenait un grand clos occupé par des jardins fournissant quantité de fruits et d'excellents raisins. Ce clos, que Thierry estime, en 1795, à une trentaine d'arpents, était disposé en terrasse, et servait de promenoir aux Pères. Il est représenté d'une façon très nette sur la gravure que nous reproduisons.

L'ordre des Minimes comprenait des Frères clercs et des Frères oblats. Si tous n'étaient pas soumis aux mêmes obligations pour le port du costume, tous ne devaient manger ni chair, ni aucune chose qui tint son origine de la chair, comme les œufs, le beurre, le fromage, le laitage ; tous devaient garder le silence en tout temps, dans l'église, dans le cloître, dans le dortoir, au réfectoire et en tous lieux depuis l'heure des complies jusqu'à prime du jour suivant.

Louis XIII, alors qu'il n'était que dauphin, vint souvent au couvent des Bonshommes, soit pour y entendre la messe ou les vêpres, soit pour y boire du vin clairet, provenant sans doute des coteaux de la rue Vineuse. Il venait du reste souvent dans cette région parisienne ; à *la Savonnerie*, à *Madrid*, au *Bois de Boulogne*, où il chassait le loup, à *l'Ile des Cygnes*, où il aimait à se baigner.

Le château de la Muette lui avait été donné en don, à sa majorité, par Marguerite de Valois, première femme de Henri IV.

Au coin du jardin du couvent des Bonshommes se trouvait une barrière, dite des Bonshommes. Elle fut incendiée dans la nuit du 12 au 13 juillet 1789.

Le couvent des Bonshommes fut supprimé en 1790.

Devenu propriété nationale, on eut tout d'abord la pensée d'éta-

---

1. Lenoir, *Description historique et chronologique des monuments de sculpture réunis au Musée des Monuments français.*

La Seine, le quai de Chaillot et le couvent des Bonshommes.

blir *une paroisse dans l'église et un hospice dans la maison pour servir de retraite et d'asile aux pauvres et aux malades des villages d'Auteuil, de Passy et de Chaillot.* Cette pensée ne se réalisa pas.

Le **12** novembre 1793 (**22** brumaire an II de la République), l'ex-maire de Paris, Bailly, fut exécuté sur le champ de Mars, en face de l'ancien couvent des Bonshommes.

Bailly habitait Chaillot une grande partie de l'année.

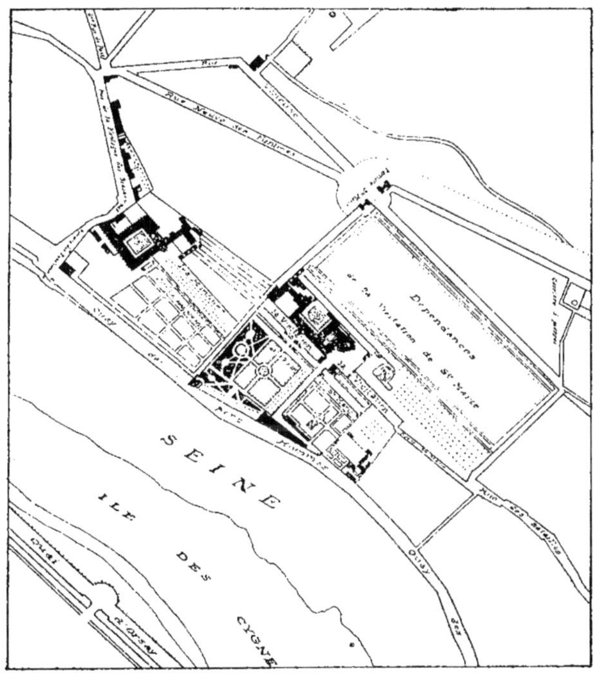

Plan de Verniquet (1791)

De 1791 à 1794, des terres et des immeubles, dépendances du couvent, furent vendus à différents particuliers.

En 1796, l'église, les bâtiments du couvent et une partie des jardins (1) furent achetés, moyennant la somme de 39.000 £, par

1. La rue des Bonshommes, la rue Vineuse et une partie de la rue Franklin furent percées sur leur emplacement.

Liévin Bauwens, maire de Gand et grand industriel de l'époque (1), qui y installa tout d'abord une tannerie; puis, sous le Directoire, une manufacture de coton, d'après les procédés alors en usage en Angleterre. M. Paul Marmottan, auquel nous empruntons ces renseignements (2), ajoute que cette manufacture fut importante, que Bonaparte s'y intéressa et qu'il la visita souvent.

Pendant un certain nombre d'années, la manufacture Bauwens fut en pleine activité.

En 1850, nous la trouvons convertie en fabrique de produits chimiques.

Le Louvre possède quelques souvenirs provenant du couvent des Bonshommes :

Le buste en bronze qui se trouvait sur le tombeau de Jean d'Alesso.

Un buste en bronze d'Olivier Lefebvre, seigneur d'Ormesson, fondu sur le modèle de Paul Ponce. Olivier d'Ormesson, contrôleur général des Finances et Président de la Chambre des comptes, est mort le 16 mars 1600.

Un génie soutenant un médaillon, sculpté en marbre blanc, par Vaucleve, ouvrage du xviiie siècle. Les deux personnages qui sont représentés sur le médaillon sont inconnus.

Après une existence de trois siècles, c'est tout ce qui reste, à notre connaissance, du célèbre couvent des Bonshommes.

---

1. Liévin Bauwens était né à Gand, le 14 juin 1769. Cette ville lui a élevé une statue en 1835.

2. *Bulletin de la Société historique d'Auteuil et de Passy* (année 1906, p. 308). Cette Société a exposé, en 1900, un dossier très intéressant sur cette filature. Il y était question de projets, de devis, frais, mémoires de machines à carder, de propositions au Ministre de l'Intérieur, Chaptal, à Molard, directeur du Conservatoire des arts et métiers. Ces pièces sont datées du 28 germinal an VIII à frimaire an X (18 avril 1800 — décembre 1801).

Vuë du Couvent des Dames Sᵗᵉ Marie a Chaillot près Paris.

(d'après Lantara)

LA VISITATION DE SAINTE-MARIE

(1651-1790)

Après la mort de son mari, Charles Ier, Roi d'Angleterre, Henriette-Marie de France, fille de Henri IV, se réfugia en France. « Quand elle arriva en France en 1644, a écrit Mme de Motteville, elle était défigurée par la grandeur de ses maladies et de ses malheurs (1). »

Elle fonda, en 1651, un couvent de religieuses à Chaillot, dans le château qui avait appartenu au Maréchal de Bassompierre et dont la construction remontait à Catherine de Médicis, ainsi que l'attestait l'écu parti des armes de France et de Médicis encastré dans le mur de clôture.

« La reine d'Angleterre se retire en la maison qui fut au maréchal de Bassompierre à Chaillot, a écrit Dubuisson-Aubenay — août 1651, — où elle a, pour ving-mille écus d'achat, depuis deux mois, logé et installé six ou sept filles choisies du monastère des filles de l'Annonciation, dites de Sainte-Marie, de la rue Saint-Antoine, près la Bastille. »

> *Par quel bizarre enchantement* (disait-on)
> *la maison de feu Bassompierre,*
> *Cet homme jadis si galant,*
> *est-elle aujourd'hui le couvent*
> *qui reçoit tout ce que la terre*
> *a de plus digne et de plus grand.*

Et, pendant quelque temps, ces religieuses furent appelées populairement les filles de Bassompierre (2). Leur titre vrai était : *Religieuses de la Visitation Sainte-Marie de Chaillot.*

Les bâtiments primitifs furent considérablement agrandis par l'acquisition, en 1686, du lieu dit des Gourdes ou Marais, et en

---

1. Marie de France mourut à Colombes, en 1669, à l'âge de soixante ans.
2. Elles sont ainsi indiquées sur le plan de Jouvin de Rochefort (1690).

mai 1693, d'une partie du fief de Chaillot et du fief de Longchamp, avec la moyenne et basse justice relevant du Roi. Ces biens, ajoute Lebeuf (1), furent achetés par les religieuses à Marie Damond, marquise d'Estiaux, veuve de messire Charles Croisset, conseiller du Roi en ses conseils, secrétaire de Sa Majesté et de ses Finances, contrôleur général de la grande Chancellerie de France.

Vers 1700, *les bâtiments* tombant en ruines, de nouvelles constructions furent élevées d'après des plans dressés par Mlle de la Motte d'Argencourt, qui avait été fille d'honneur de la Reine Anne d'Autriche, et qui était au couvent de la Visitation. Elle y est morte en octobre 1709 (2).

En 1704, *l'église* fut entièrement rebâtie sur les dessins de Gabriel, aux frais de M. et Mme de Frémont, père et mère de la maréchale de Lorge (3), dont la fille et la petite-fille avaient fait profession du voile noir au monastère de Chaillot. En reconnaissance de ce don, les armes du Maréchal et de sa femme avaient été placées au fronton de l'église qui, du reste, n'avait rien de remarquable.

La serrurerie de la grande porte méritait seule d'être citée. Au haut de cette porte était une statue de la Vierge; au-dessous, se trouvaient les armes de France et de Bretagne et les deux lettres K. L.

Cette église fut inaugurée le 29 janvier 1706.

Un cimetière l'entourait. En construisant les jardins du Trocadéro, sur l'emplacement duquel elle s'élevait, on découvrit de nombreux ossements féminins.

Dans la chapelle, dite Saint-François de Sales, se trouvait un tableau de Restout, représentant Mme de Chantal et ses religieuses en prière devant l'image de ce saint. Cette chapelle avait été

---

1. *Histoire de la ville et de tout le diocèse de Paris.*

2. « Le Roi dansa avec elle un ballet à Fontainebleau, et jura de ne la jamais quitter, si elle voulait l'aimer. Le mot jamais n'est pas français, en amour. Selon la Fare, Mlle d'Argencourt alla bientôt se consoler des inconstances du Roi dans le couvent de Sainte-Marie de Chaillot, où elle a passé sa vie sans être religieuse, et après avoir donné à ce couvent vingt mille écus venant du Roi ». (*Mme de Montespan,* par A. Houssaye)

3. M. de Frémont demeurait rue Neuve-Saint-Augustin. L'hôtel devint ensuite la propriété de son gendre, M. de Lorges, puis de la princesse de Conti. C'est sur son emplacement qu'en 1777, on perça la rue de la Michodière. (*Livre commode des adresses.*)

construite par la famille de Mesmes, en vertu d'un acte de 1662 (1), dans lequel il est dit que cette chapelle sera reconstruite aussitôt après la profession de foi de Mlle Jeanne-Thérèse de Mesmes ; que les armes de la maison de la dite demoiselle seront mises dans les endroits les plus remarquables ; mais que, en considération de tout cela, les parents de Mlle de Mesmes s'engagent à donner au couvent la somme de cent mille livres une fois payée, dont 95.000 seront affectées à la pension et à l'entretien de la dite demoiselle et 5.000 à la construction de la chapelle.

Dans le chœur de l'église, sur une manière de petite tribune, étaient déposés le cœur de Henriette de France, ceux de son fils, Jacques Stuart II, Roi d'Angleterre, et de Louise-Marie Stuart, fille de ce prince, morte au château de Saint-Germain-en-Laye, le 7 mai **1712**.

Les autres parties du couvent renfermaient de nombreux tableaux. Cocheris en donne le détail. Les uns étaient l'œuvre de Louise Palatine de Bavière, nièce d'Henriette de France, Reine d'Angleterre. Elle demeura un an à la Visitation, où elle était venue retrouver sa tante en 1658. Mais le plus grand nombre des tableaux du couvent avaient été peints par la Sœur Anne-Marie-Renée Strésor, membre de l'ancienne Académie royale de peinture et de sculpture, qui était entrée à la Visitation en 1687 et qui y est morte en 1713, à l'âge de 62 ans.

Enfin, *la bibliothèque* contenait 600 volumes environ. On y conservait des lettres et des manuscrits de Françoise de Chantal, d'Henriette de France, de Charles-Quint, de Charles Ier, de Jacques II, etc. On y voyait également une statue en or de Notre-Dame.

Les religieuses de la Visitation de Chaillot se composaient de *sœurs choristes*, qui, seules, pouvaient chanter l'office au chœur ; de *sœurs associées* et de *sœurs converses*, ces dernières étant exclusivement occupées aux travaux du ménage.

La Supérieure était nommée pour trois ans. Elle pouvait être réélue plusieurs fois.

Le costume des religieuses, que notre gravure représente, était de couleur noire. La robe était serrée à la ceinture par une cordelière. Un voile noir recouvrait la tête, qu'entourait un ban-

1. De ma collection.

deau également noir. Sur la poitrine retombait un large barbette de toile blanche sans plis.

Au nombre des premières pensionnaires du couvent, nous citerons :

Anne-Geneviève de Bourbon, duchesse de Longueville, qui y passa cinq mois, en 1651, près de sa tante, Mme de Montmorency, supérieure du couvent. Elle quitta la Visitation pour venir habiter l'Hôtel de Soissons (1).

La duchesse de Nemours, Elisabeth de Vendôme, petite-fille de Henri IV et de Gabrielle d'Estrées, qui, après la mort de son mari tué en duel par son frère, s'y retira en 1652 avec ses deux filles.

Anne-Jeanne de Beauvais et, plus tard, en 1668, sa sœur *Claire-Angélique*, toutes deux filles de la célèbre Mme de Beauvais, première femme de chambre et favorite d'Anne d'Autriche.

Jeanne, la fille aînée, fut enlevée du couvent par le marquis de Richelieu, qui l'épousa. Elle avait quinze ans et lui dix-sept.

Les vœux de visitandine de *Claire-Angélique* furent reçus par Hardouin de Péréfix de Beaumont, précepteur de Louis XIV et membre de l'Académie française. Bossuet prononça son sermon de profession.

Quelques années après, en 1657, nous y rencontrons la nièce du Cardinal, *Marie Mancini, que Louis XIV avait eu, en sa jeunesse, tant d'envie d'épouser*. Mariée au prince Colonna, grand connétable de Naples, *elle ne contraignit pas ses mœurs à Rome et courut le bon bord du vivant et surtout après la mort de son mari* (2).

En 1659, meurt dans ce couvent *Sœur Marie-Christine-Emmanuel de Mortemart*, sœur aînée de Mme de Montespan. Elle avait trente-six ans.

L'acte que nous venons de citer à l'occasion de la prise d'habit de Mlle de Mesmes et de la fondation d'une chapelle dédiée à saint François de Sales nous donne le nom des religieuses professes que renfermait le couvent de la Visitation en 1662, c'est-à-dire onze ans après sa fondation :

---

1. *Journal des guerres civiles* de Dubuisson-Aubenay.
2. Saint-Simon.

Chanoinesse Réguliere de l'Abbaye de Chaillot, prés Paris.

Sœur *Marie-Elizabet de la Sourdière,* Supérieure.

Sœur *Magdelaine-Thérèse Lambert.*

Sœur *Anne-Louise Cosnier.*

Sœur *Louise-Angélique de la Fayette,* la célèbre amie de Louis XIII. Elle résista aux offres du Roi et contribua, dit-on, à le rapprocher d'Anne d'Autriche. Elle fut, à deux reprises, Supérieure du couvent dans lequel elle s'était retirée en 1637, sous le nom de Mère Angélique (1).

Sœur *Magdelaine-Eugénie Bertaut.*

Sœur *Magdelaine-Angélique le Grand.*

Sœur *Marie-Henriette Revellois.*

Sœur *Françoise Debailly.*

Sœur *Marie-Magdelaine de Laistre.*

Sœur *Marie-Emmanuel de Rochechouard.*

Sœur *Marie-Geneviefve Dumolin.*

Sœur *Marie-Louise Croyset.*

Sœur *Françoise-Angélique Priolo,* qui devint trois fois Supérieure du couvent. Elle était l'aînée des trois filles de l'historien Benjamin Priolo, d'origine vénitienne.

Sœur *Marie-Alexis de la Rüe.*

Sœur *Marie-Thérèse Tralay.*

Sœur *Marie-Augustine de Chaumont.*

Louis Abbelly, docteur en théologie, était alors Supérieur spirituel du monastère.

Il devint, en 1663, Evêque de Rodez et mourut le 14 octobre 1691, à l'âge de quatre-vingt-huit ans.

En 1666, Mme de Motteville qui, par ses conseils, avait contribué à la création du couvent de la Visitation, s'y retira en qualité de bienfaitrice. « Ma sœur, dit-elle dans ses Mémoires, était venue novice ; elle en avait été la première professe. »

Nous n'avons pas l'intention de donner ici la longue liste des Reines, des Princesses, des représentants des plus illustres familles françaises qui, depuis 1663 jusqu'à la Révolution, ont été les pensionnaires du couvent de la Visitation. Nous n'en citerons qu'une seule, la plus connue, sinon la plus illustre, « idéale de l'amante,

______

1. Elle était née vers 1616. Elle est morte en 1665. « C'était une belle brune, a écrit Mme de Motteville, aimable et fière tout ensemble, ayant beaucoup de douceur et en même temps beaucoup de fierté dans l'esprit. »

avec toutes les qualités de désintéressement, de fidélité, de tendresse unique et délicate » (1), *Mlle de la Vallière.*

Elle s'y présenta le **11 février 1671**, à **6 heures du matin**; mais n'y resta que quelques heures. Lauzun, alors capitaine des gardes, la ramena à la cour. Il avait reçu l'ordre d'enfoncer le couvent en cas de résistance, ce qui prouve qu'à la Visitation, comme dans beaucoup d'autres couvents, du moins à cette époque,

les verrous et les grilles n'étaient pas un garant pour la vertu des filles.

« Le Roi la reçut et pleura fort, a écrit Mme de Sévigné, tandis que Mme de Montespan allait au devant d'elle, les bras ouverts et les larmes aux yeux. »

Mais trois ans après, lorsque Louis XIV donna son cœur à Mme de Montespan, Mlle de la Vallière « qui déjà était honteuse d'être maîtresse, d'être mère, d'être duchesse, et qui ne savait qu'aimer », se présenta pour la deuxième fois, en avril 1674, au couvent de la Visitation. Elle n'y resta encore que peu de temps. Elle quitta ce couvent le 5 juin 1675 pour entrer aux Carmélites de la rue Saint-Jacques, sous le nom de *Sœur de la Miséricorde.* « Elle fit cette action, a écrit Mme de Sévigné, comme toutes les autres de sa vie, d'une manière noble et charmante; elle était d'une beauté qui surprit tout le monde. »

Elle n'avait que trente ans. Ce fut Bossuet qui prononça le sermon de cet engagement et Sœur Louise de la Miséricorde reçut solennellement le voile noir des mains de la Reine.

Après trente-six ans de cloître, Mlle de la Vallière est morte le 6 juin 1710, à l'âge de soixante-huit ans.

Si l'on en croit Saint-Simon, il régnait dans le couvent de la Visitation un esprit assez singulier. « Le Supérieur du couvent, dit-il, le curé de Saint-Sulpice, l'abbé de Chétardie, y portait très souvent lui-même les lettres de Mme de Maintenon et les lisait à la grille devant de jeunes religieuses. Une sœur de Mme de Saint-Simon, religieuse en cette maison, dont elle a été depuis souvent Supérieure, et qui a infiniment d'esprit et d'esprit de gouvernement, avec toute la sainteté de son état et toutes les grâces du monde, pâmait quelquefois de stupeur des secrets qu'elle entendait là avec

1. Sainte-Beuve, *Causeries du Lundi.*

*Signatures des religieuses professes que renfermait le couvent
de la Visitation en 1662 (1).*

Sr Marie Elizabet de la Sourdiere Supérieure
Sr Magdelaine Therese Lambert
Sr Anne Louise Cosnier
Sr Louise Angelique de la Fayette
Sr Magdelaine Eugenie Bertaut
Sr Magdelaine Angeliq̃ le Grand
Sr Marie henriette Beuellois [...] de bailly
Sr Marie magdelaine de Laittre
Sr Marie Emmanuel de Rochechouard
Sr Marie geneuiefue du molin
Sr Marie Louise Croyset
Sr françoise Angelique Proto
Sr marie alexis de la vie
Sr marie Therese [...]
Sr marie auguste [...] chaumont

d'autres religieuses, par lesquelles après mille choses se savaient, sans que personne put comprendre par où ces mystères avaient pu transpirer, et sans que, tant que ce curé a vécu, qui fut encore quelques années, Mme de Maintenon l'ait su et sans soit peu déprendre. »

A tous les noms illustres, dont le souvenir se rattache au couvent de la Visitation de Chaillot, il convient d'ajouter ceux de Bossuet, de Bourdaloue et de Massillon. Le premier y prononça, le 16 novembre 1669, l'oraison funèbre d'Henriette de France ; le

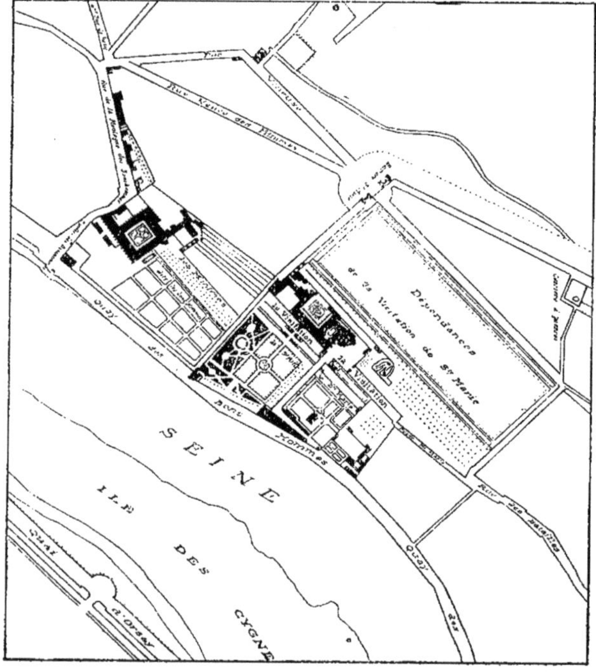

Plan de Verniquet (1791)

second prêcha à la Visitation le sermon de profession de Gabrielle de Frémont (30 décembre 1686); le troisième y prêcha le 20 novembre 1700, la veille de la Présentation.

Enfin, plus près de nous, au commencement de la Révolution, Mme de Genlis, gouvernante, sous Louis XVI, des enfants du duc de Chartres (Philippe Égalité) a donné, sur la vie des jeunes ducs d'Orléans, des détails qu'elle a datés de Sainte-Marie de Chaillot.

Le plan de Verniquet nous indique l'importance de ce couvent en 1791. Situé à mi-côte de Chaillot, il occupait l'espace compris, d'un côté, entre la barrière Sainte-Marie (place du Trocadéro) et le quai des Bonshommes, et de l'autre côté, entre les ruelles Sainte-Marie et d'Hérivault (partie de la rue Magdebourg) et la rue des Batailles (avenue d'Iéna).

Les bâtiments du couvent étaient reliés par la ruelle Sainte-Marie à la rue des Batailles qui, elle-même, communiquait au quai des Bonshommes par la ruelle d'Hérivault.

Le couvent de la Visitation était séparé, du côté de celui des Bonshommes, par le mur d'enceinte, et, des autres côtés, clôturé par un mur qui descendait jusqu'au chemin de Versailles. C'est contre ce dernier mur que « S. A. R. la duchesse d'Orléans fit bâtir, en 1735 et 1736, un pavillon d'architecture de très bon goût, qui offre à la vue des amusements toujours nouveaux par la quantité d'équipages et de personnes qui vont et qui viennent continuellement (1). »

Cocheris rappelle qu'au moment de la Révolution, le Président et la Présidente de Ménières habitaient les *deux* pavillons qui avaient été construits par la duchesse d'Orléans. Ils leur avaient été vendus à vie par les Visitandines.

Enfin, c'est également près de ce mur de clôture et sur le bord de la Seine qu'existait un vieux bâtiment où la Prévôté Royale de Chaillot tenait ses audiences les samedis, à 3 heures de relevée.

Les Visitandines avaient, avons-nous dit, la haute justice par engagement depuis 1653, et, en 1686, elles avaient obtenu la moyenne et la basse, en propriété. Il y avait, par suite, dans l'enclos du couvent, un pavillon où se trouvaient une salle d'audience, une chambre du Conseil, une salle d'archives, des prisons, des cachots et une morgue (2).

La Prévôté appartint aussi pendant longtemps aux Visitandines ; mais elle fut reprise par la Couronne.

---

1. HURTAULT, PIGANIOL.

2. On appelait morgue une chambre placée à l'entrée des prisons, où l'on mettait d'abord les prisonniers, pour donner le temps aux guichetiers de les bien reconnaître. (V. plan de Jouvin-Rochefort, 1690.)

Le couvent de la Visitation fut entièrement détruit pendant la Révolution. Les tombes furent violées, les œuvres d'art brisées, enlevées ou volées.

Les bâtiments furent employés à divers usages, aux services de a nation. Ils furent démolis pour faire place à l'exécution du Palais du Roi de Rome.

« Si vous passez sur son emplacement, dites-vous qu'une Reine y pleura un trône, une duchesse un royal amant. Napoléon y jeta les fondements d'un palais. Le duc d'Angoulême y posa la première pierre d'une caserne dont le nom devait perpétuer le souvenir d'un pacifique fait d'armes en Espagne. Larmes de Reine, larmes d'amour, projets de gloire! écoutez le grillon qui chante dans les sillons d'avoine et de froment sous lesquels dorment ensevelies tant de douleurs et de vanités (1). »

1. J. Sandeau.

L'ABBAYE DE SAINTE-PÉRINE

(1659-1788)

En haut du village de Chaillot, entre l'avenue de l'Alma et l'avenue Marceau, se trouvait une maison, dite maison de Prats, qui avait son entrée rue de Chaillot (99). De vastes jardins s'étendaient sur les rues actuelles Bassano et Galilée.

C'est là qu'au xviie siècle s'installèrent des *Religieuses Bénédictines*, dont la communauté fut supprimée en 1647 (1).

A ces religieuses succédèrent, en 1659, d'autres religieuses venues de Nanterre, de l'ordre de Saint-Augustin ; c'est pour ce motif qu'elles figurent sur les plans de Paris, entre autres sur celui de Jouvin de Rochefort (1672), avec l'appellation « *les Augustines* ».

Leur maison, ayant été érigée en titre perpétuel d'abbaye par un décret du 3 septembre 1682, prit le nom de « *Abbaye de Notre-Dame-de-Paix* (plan de la Caille, 1714) ».

Vers 1710, nous relevons, parmi les religieuses du couvent, un nom bien connu dans le monde des théâtres, celui d'une fille de La Raisin, actrice célèbre de la Comédie-Française et l'amie du maréchal de Noailles, qui, « à son âge et avec sa dévotion, n'était pas honteux de l'aller voir, et de lui fournir, à Fontainebleau, de sa table, tout ce qu'il y avait de meilleur ». Et Saint-Simon ajoute : « il n'eut d'enfants de toutes ces sortes de créatures qu'une seule fille de celle-ci, assez médiocrement entretenue à Chaillot, chez les Augustines. »

En 1742, sur la requête présentée par le Promoteur général de son diocèse, l'Archevêque de Paris, Charles-Gaspar-Guillaume de Vintimille, ayant réuni l'abbaye de Sainte-Périne-de-la-Villette à l'abbaye de Chaillot, plus nombreuse, plus riche et mieux située,

---

1 Il y eut également à Chaillot, a écrit Cocheris (t. IV, p. 108), un établissement de Bénédictines; mais il ne fut pas de durée. « Je ne le connais, dit-il, que par la permission que l'Archevêque leur donna le 5 novembre 1647, de se retirer en diverses maisons religieuses, à cause de la modicité de leur revenu. »

le titre de siège abbatial de Sainte-Périne-de-la-Villette fut en même temps transféré dans le monastère de Chaillot qui prit alors le nom de « *abbaye de Sainte-Périne* » (plan de Verniquet, 1791).

Mme du Vivier de Tournefort, qui succéda à Mme de Prunelée en qualité d'abbesse, prit possession canonique de l'abbaye de la Villette, en vertu des ordres du Roi, patron des deux abbayes.

Quelques mois après, le 27 septembre 1742, la châsse de Sainte-Périne-de-la-Villette fut transportée à Chaillot.

L'église n'avait rien de remarquable ; le maître-autel était orné d'un tableau de Monnier, « l'Adoration des Rois ».

Dans le parloir se trouvaient deux autres tableaux intéressants : l'un représentant une Madeleine, l'autre le Baptême de Notre-Seigneur.

Les religieuses de Sainte-Périne eurent une existence assez précaire, les revenus dont elles disposaient étant minimes. Elles possédaient des terres dans les environs de Compiègne et des immeubles à Paris. Mais les uns et les autres furent successivement vendus. Elles vivaient surtout de libéralités : S. A. R. le duc d'Orléans leur servait une rente annuelle de 500 £.

La situation gênée dans laquelle se débattaient depuis plusieurs années ces religieuses fit naître la pensée d'utiliser leur établissement et d'y créer un hôpital. Le Conseil d'État du Roi rendit à cet effet deux arrêts : l'un à la date du 22 juin 1787, l'autre le 23 février 1788. Le premier de ces arrêts fixait l'établissement de quatre nouveaux hôpitaux pour la Ville de Paris : l'hôpital Saint-Louis, l'hôpital Sainte-Anne, les hospitalières de la Roquette et l'abbaye royale de Sainte-Périne-de-Chaillot. Le second ordonnait le séquestre des biens de cette abbaye, en présence du « mauvais état notoire des affaires temporelles de ladite Communauté et de l'incertitude de l'existence future de la conventualité ».

Mais, deux ans après, la Révolution éclatait. Le mobilier et la maison conventuelle de Sainte-Périne étaient vendus au profit de la nation (1796-1797) (1).

---

1. Procès-verbaux de vente du mobilier des églises de Sainte-Périne et de Saint-Pierre de Chaillot (Vendémiaire an V, septembre-octobre 1796). Vente au nom de la loi, en vertu d'un jugement et ordonnance du tribunal civil du département de la Seine, Grande-rue de Chaillot, maison ci-devant conventuelle de Sainte-Périne, le 17 pluviose an V de la République, correspondant au dimanche 5 février 1797, 10 heures du matin.

Veuë d'une partie du Cours, et de la Sauonnerie, ou est la manufacture de ces beaux tapis, qui font la plus
preticuse partie des meubles de tous les grands seigneurs de l'Europe, et qui sont reconnus sous le nom de la sauonnerie.

Israel siluestre delin. et fecit

Israel ex. cum priuil. Regis

LA SAVONNERIE

(1627-1826)

En 1604, un certain Jean Fortier proposa d'établir à Paris et dans d'autres villes de France une *Manufacture de tapis de Turquie, quereins, persiens, et autres, de nouvelle invention, en belles et diverses figures d'animaux et personnages jusqu'ici inconnus.* Ce projet, approuvé par la Commission consultative, fut-il mis à exécution par son auteur? Nous n'avons pu recueillir à ce sujet aucun renseignement précis.

Ce qui est certain, c'est qu'Henri IV s'intéressait vivement à tous projets de nature à attirer en France les tapissiers étrangers; il montrait une constante sollicitude pour l'industrie textile. N'est-ce pas lui qui introduisit le mûrier dans notre pays et qui répandit l'élevage du ver à soie dans le Midi ? C'est, sans doute, sous l'influence des idées de ce grand Roi, que Marie de Médicis organisa, en 1615, un hôpital d'orphelins et d'enfants abandonnés *pour être instruits dans la crainte de Dieu et faire plusieurs ouvrages de toile et autres.* Elle utilisa, à cet effet, de vieux bâtiments, grossièrement fabriqués, dit G. Brice, situés près de la grille qui ferme le cours la Reine et qu'on appelait *la Savonnerie* (1), parce que, à l'origine, on y faisait du savon. Une inscription placée au-dessus de la porte d'entrée de la chapelle de l'établissement rappelait du reste cette fondation.

C'est dans ces mêmes bâtiments que Pierre du Pont et Simon Lourdet, sur l'avis émis par M. de Fourcy, conseiller du Roi et intendant de ses bâtiments, installèrent une manufacture de tapisserie. Une salle ouvrant sur le cours fut annexée, en 1630, aux locaux reconnus insuffisants.

L'arrêt du Conseil Royal porte la date du 17 avril 1627; sa validité était de dix-huit années à partir du 1ᵉʳ juillet suivant; ses

---

1. Elle avait son entrée quai de Chaillot, 25. (Catalogue de la Société historique d'Auteuil et de Passy, n° 168.)

clauses étaient tout imprégnées de la généreuse pensée de Marie de Médicis.

Les débuts de cette association ne furent pas heureux (1). Une dualité très vive ne tarda pas à s'élever entre les deux hommes, et, pendant plus de vingt ans, ils ne cessèrent de faire appel à toutes les juridictions, sans obtenir d'ailleurs, ni l'un ni l'autre, la moindre satisfaction.

Simon Lourdet mourut en 1670, et Pierre du Pont en 1687. Louis du Pont, son fils, lui succéda.

Mais une impulsion nouvelle était devenue nécessaire dans les ateliers qui végétaient péniblement depuis 1693, et cette impulsion leur fut donnée en **1712**, par *le duc d'Antin*, dont Saint-Simon nous a laissé un si curieux portrait.

L'œuvre la plus importante qui soit sortie de la Savonnerie pendant les quatre-vingt-cinq premières années (**1627-1712**) est un tapis de pied de **93** pièces et de **227** toises de longueur, qui devrait couvrir tout le parquet de la grande galerie du Louvre. Son exécution occupa les ateliers pendant plus de la moitié du règne de Louis XIV. La description en est donnée dans *l'inventaire du mobilier de la Couronne* et des morceaux importants en existent au garde-meuble national.

Le Musée des Gobelins, le Palais de l'Élysée, certaines grandes collections particulières possèdent également de fort beaux spécimens des premiers travaux de la Savonnerie, tels que paravents, banquettes, tabourets, etc.

Dès sa prise de possession, le duc d'Antin fit procéder à d'importantes réparations dont la date (**1713**) était rappelée par une inscription gravée dans un marbre noir sur la porte de la manufacture. Puis, il changea le titre de l'établissement qui devint la *Manufacture Royale des meubles de la Couronne de tapis façon de Perse et du Levant*.

La fabrication continua en deux ateliers distincts dirigés par les héritiers des deux fondateurs, Lourdet (2) et du Pont.

---

1. Pierre Du Pont, le véritable fondateur de l'atelier de Chaillot, a raconté dans un opuscule devenu rarissime, *la Stromatourgie*, le récit de toutes ses vicissitudes. On trouvera, d'autre part, dans les *Mémoires de la Société de l'histoire de Paris et de l'Ile de France*, des renseignements complémentaires publiés par M. Guiffrey.

2. Jean BOULLOGNE, membre de l'Académie royale, qui mourut en 1717, avait épousé en 1687 la fille de Philippe Lourdet.

Louis du Pont en devint l'unique directeur en 1714.

Ses successeurs furent François du Pont, Jacques de Nouville en 1721 et Charles Duvivier en 1742 (1).

Parmi les travaux exécutés par la Savonnerie, de 1712 à la Révolution, nous citerons particulièrement : un tapis pour la chambre du Roi (1724), un tapis pour la salle du Trône à Versailles (1725), un tapis pour le salon de la Muette (1733), un meuble composé de deux canapés, de huit fauteuils et d'un écran d'après les dessins de Chevillar, pour la marquise de Pompadour.

Sous le Consulat et l'Empire, les travaux de la Savonnerie ne furent pas moins nombreux et importants. « Le tapis du grand Cabinet de l'Empereur, allégorie des cohortes de la Légion d'honneur, dont quelques fragments décorent aujourd'hui le Palais de la grande Chancellerie ; le tapis de la chambre de l'Impératrice à Saint-Cloud ; le tapis de la salle dite des Enfants de France aux Tuileries, qui fut achevé sous la Restauration ; le tapis de la chapelle des Tuileries, furent au nombre de ses ouvrages (2). »

En 1826, les métiers de la manufacture Royale des meubles de la Couronne furent transportés aux Gobelins.

L'établissement continua néanmoins à fonctionner comme établissement privé et, au nombre des actionnaires intéressés, nous relevons le nom d'une femme qui eut, dans les dernières années du règne de Louis XVIII, une influence considérable : la comtesse du Cayla, la fille de l'avocat général Omer Talon, magistrat qui reçut la confession écrite du marquis de Favras, pendu, comme on sait, en place de Grève, en 1790.

La lettre que nous reproduisons, lettre écrite par Mme du Cayla en 1831, donne sur les travaux de la Savonnerie, sur les difficultés dans lesquelles cet établissement se débattit à cette époque, des détails intéressants. Voici cette lettre (3) :

« C'est bien dans cette triste circonstance pour l'établissement de la Savonnerie que je regrette profondément, Monsieur, de ne pouvoir avoir l'honneur de me trouver à l'Assemblée générale de Messieurs les actionnaires. Plus le compte à rendre offre

1. Les manufactures parisiennes de tapisseries au xviiᵉ siècle, par Guiffrey.
2. DONIOL, *Histoire du XVIᵉ arrondissement.*
3. De ma collection.

un fâcheux résultat, plus j'aurais voulu partager ce pénible devoir avec Messieurs les membres du Conseil et Messieurs les chefs de l'établissement. J'aurais voulu aussi pouvoir dire avec vous tous les efforts tentés par MM. Beauvais et Morin et chaque individu dans les fonctions qui lui étaient confiées pour obtenir un plus heureux succès. Messieurs les actionnaires voudront bien, j'espère, entrer dans tous les détails, examiner que pas la plus petite dépense n'a été faite légèrement ou inutilement, que les étoffes ont égalé en beauté tous les modèles, et quelquefois mieux les ont surpassés, que cette industrie est complète, et qu'en créant avec leurs capitaux cet établissement modèle, ils avaient, en effet, doté la France d'une branche de commerce immense.

« Les témoins, malheureusement, ne nous manquent point : ce sont les masses énormes de marchandises fabriquées, qui sont là, représentant les capitaux, et dont la vente arrêtée ne permet plus aux métiers de tourner. Si la confiance de Messieurs les actionnaires était notre récompense, en même tems, vous le savez, elle nous paraissait doubler nos obligations, et nous pouvons dire que nous en avons subi et compris toute l'étendue.

« Une licence onéreuse, mais sans laquelle aucun commencement d'exécution ne pouvait avoir lieu, puisque l'on ne filait point en France pour ce genre de fabrication, a été une première blessure pour l'établissement ; plus tard, pour obtenir la juste demande, que la laine achetée en Angleterre, réexportée toute fabriquée, fut dégagée à sa sortie des droits payés à son entrée, il a fallu dix-huit mois d'attente. Sollicitations, courses, pétitions, pour des demandes justes, et renfermant l'intérêt général, rien n'a été négligé. La Bombazine a coûté des frais énormes à établir, pour arriver à la perfection anglaise avec avantage sur ses prix, ce but difficile a été atteint, et c'est au moment où tous ces efforts sont couronnés par le succès sur un produit qui apporte des capitaux énormes à l'Angleterre, que nous restons paralysés. Ainsi ce n'est pas seulement le sacrifice présent que vous avez à montrer à Messieurs les actionnaires, mais c'est aussi tout celui de l'avenir qu'ils avaient créé.

« Enfin, Monsieur, vous raconterez toutes nos tribulations, bien mieux que je ne peux le faire, vous direz sûrement aussi les facilités qu'a données M. Desaulty, elles étaient toutes dans son intérêt, mais il y a eu du mérite à soutenir le travail des métiers pendant les derniers mois qui viennent de s'écouler, et à réunir l'intérêt de Messieurs les actionnaires au sien propre, nous devons le reconnaître.

« Pour moi, Monsieur. J'écoutais, je n'ai jamais eu que du zèle à

Mme LA C^{sse} DU CAYLA

Née Falon

offrir à Messieurs les membres du Conseil, et m'en trouver séparée en ce moment est une des plus vives contrariétés que j'aye jamais ressenties.

« Veuillez donc recevoir l'expression de tous mes regrets, les faire agréer à mes honorables *collègues*, ainsi que l'assurance inaltérable de tous mes sentiments.

« Comtesse DU CAYLA. »

Cette lettre est datée, nous avons dit, du **7 février 1831**. La comtesse du Cayla avait alors quarante-sept ans. Elle était complètement retirée du monde officiel. Elle vivait tantôt à Paris, tantôt à Saint-Ouen, dans le joli pavillon que Louis XVIII lui fit bâtir en **1822**, sur l'emplacement de l'ancien château des ducs de Gesvres, château dans lequel, le **2 mai 1814**, le Roi signa sa fameuse déclaration.

Il faut lire dans les journaux du temps la fête splendide qui fut donnée le jour de la prise de possession de cet élégant pavillon par la comtesse du Cayla. Isabey en avait été l'organisateur. « Les invités étaient au nombre de **425**. Tous les membres du corps diplomatique y figuraient, aucun d'eux n'ayant osé refuser de venir rendre hommage à l'amie du Roi. Les Menus avaient arrangé une salle de spectacle. Les comédiens les plus réputés du temps, Mmes Monte, Cinti, Boulanger, Rigaud, avec leurs camarades Potier, Huet et Philippe y jouèrent un vaudeville de circonstance. On se rendit ensuite dans le grand salon, et tandis que les chœurs de l'opéra entonnaient une cantate en l'honneur du Roi, on découvrit un tableau placé au centre d'un vaste panneau en velours bleu fleurdelisé d'or, peint par Giraud, représentant le donateur devant la table en bois blanc qu'il avait rapportée d'Hastwell (**1**). »

Quant au pavillon lui-même, il avait été décoré par les peintres les plus habiles et rien n'avait été épargné pour en faire un lieu de séjour vraiment enchanteur. Du reste, ce don royal avait coûté, dit-on, un million.

La comtesse du Cayla est morte en **1852** (**2**).

En **1833**, les anciens bâtiments de la Savonnerie, qui étaient devenus les bâtiments de la manutention militaire, tombaient en ruines. On en construisit de nouveaux d'après les plans et sous la direction spéciale du capitaine du génie Gréban. La charpente était entièrement indépendante des murs, les bâtiments de la boulangerie en fer, afin de les rendre incombustibles.

Malgré toutes ces précautions, le feu se déclara le **18 novembre 1855**, dans un bâtiment à trois étages, dans lequel on avait

---

1. *Le Temps*, 20 mars 1901.
2. *Le Monde illustré*. Septembre 1860. — Stenger, *Grandes Dames du xix⁰ siècle*. — *Les Favorites de Louis XVIII*, Berquem. Paris 1899, etc., etc.

installé un appareil pour ventiler et remuer le grain, afin de le préserver des charençons. Comme il en résultait une poussière assez épaisse qui pouvait altérer la santé des ouvriers, on avait fait construire une cheminée d'appel pour consumer cette poussière. La réduction ne fut sans doute pas complète : une certaine quantité de poussière, accumulée sur les parois de la cheminée, se détacha sous forme de charbon ardent sur le plancher en sapin du grenier et un incendie se déclara dans cette partie du bâtiment (1). « Tout ce quartier, pendant une nuit, fut rouge de flamme. Le feu semblait rouler de la lave, et les sacs de blé, s'embrasant, éclataient, s'éparpillaient en l'air comme des pyrotechnies. Plusieurs mois après, on retrouvait encore, calcinés, réunis entre eux par la fusion, des grains de froment semblables à ceux qu'on a recueillis dans les boulangeries de Pompéi (2). »

Nous ne terminerons pas notre étude sur la Savonnerie, sans rappeler qu'entre cet établissement et le cours la Reine il y avait un terrain qui se nommait *le Pré de la Savonnerie*, dans lequel, sous Louis XIV, on élevait des marronniers d'inde et des arbustes de différentes espèces pour en fournir aux jardins des Maisons Royales (3). Et c'est sur ce terrain, ajoute Brice, qu'on jeta, sur la fin de l'année 1719, les fondations d'un édifice avec beaucoup d'appareil et de fracas, d'un dessein extraordinaire, sans que l'on ait jamais pu savoir à quel usage il pouvait être destiné : cependant on a travaillé à cet édifice avec tant d'empressement et d'application que les fêtes et les dimanches y étaient employés, tout cela, à demi-achevé, a été entièrement détruit en 1723. »

C'est à peu près dans les mêmes termes que Piganiol parle de cette construction. Seulement, il ajoute : « On dit que cet édifice avait été élevé pour être l'Hôtel de la Monnaye (4). »

Dans le voisinage de la Savonnerie, à l'entrée du village, du côté de la Seine, se trouvait une verrerie où l'on pouvait acheter *des ouvrages de cristal de la dernière délicatesse.* Cette verrerie, d'après

<hr>

1. *L'Illustration* du 24 novembre 1855.
2. *Paris-Guide*, t. II, p. 1381.
3. G. Brice.
4. La première pierre de l'Hôtel de la Monnaie *actuel* a été posée, au nom du Roi, le 20 avril 1771, par l'abbé Terray, ministre d'État et contrôleur général des Finances. C'est à M. de l'Averdy que l'on doit la construction de l'Hôtel du quai Conti, il a remplacé celui situé rue de la Monnaie, qui tombait en ruines et qui n'offrait rien du reste d'intéressant.

Brice, avait le secret des gobelets de verre qui résistaient au feu.

A propos de cette verrerie, Cocheris rappelle que, le 30 mars 1708, le Parlement registra les Lettres patentées qui accordaient à Louis Gouffé, maître de cette verrerie, le privilège pour vingt ans de faire toutes sortes de cristaux et d'émaux. Ces lettres furent suivies d'autres lettres, datées du 11 mars 1726, accordant aux sieurs Domgrelot et Dupin le privilège de fabriquer des verres à vitre et toutes sortes de matières vitrifiées.

Enfin, il y avait encore tout près de la Savonnerie *le magasin des marbres du Roi* qui, de la place de la Concorde, avait été transféré là en 1761. Le plan de Jean de la Caille (1714) nous représente cette place ainsi occupée, ainsi qu'un port, pour les marbres et pierres de Saint-Leu, construit sur la Seine, non loin de la Porte de la Conférence.

Vue de la pompe à feu de Chaillot.

LA POMPE A FEU

(1778-1790)

La rue qu'on appelle *Rue des Frères Périer* est percée sur l'emplacement même d'un établissement construit en 1781 par deux habiles mécaniciens, Constantin et Auguste Périer. Cet établissement avait été constitué par actions, avec privilège d'exploitation pendant quinze années. Il avait pour but, d'après des lettres patentes datées du 7 février 1777, enregistrées au Parlement le 16 juillet 1778, *d'établir dans la ville de Paris, et aux lieux convenables, des pompes ou machines à feu, pour élever l'eau de la rivière de Seine et la conduire dans les différents quartiers de la ville et fauxbourgs pour être distribuée dans les rues et dans les maisons, de faire construire des fontaines de distribution pour faciliter l'approvisionnement et de placer sous le pavé des tuyaux de conduite, trappes, regards, etc.* (1).

On ne pouvait que désirer la réalisation d'un pareil projet et qu'applaudir aux efforts tentés par MM. Périer pour l'obtenir ; mais on se demandait quelles étaient les raisons qui les avaient conduits à monter leurs pompes dans un endroit immédiatement exposé à l'entrée d'un grand égout et à choisir la sortie de Paris au lieu de l'entrée.

L'établissement se composait de trois parties bien distinctes :

Deux pompes, d'un système importé d'Angleterre, étaient installées dans un bâtiment carré donnant sur le quai, d'une forme élégante et ombragé de peupliers et d'acacias. On les appelait *la Constantine* et *l'Augustine*, des prénoms des frères Périer.

Les ateliers étaient installés dans une ruelle qui se trouvait au-dessus de l'église Saint-Pierre et du même côté.

L'eau aspirée par les deux pompes, était envoyée dans trois

1. L'idée première de distribuer l'eau dans les maisons de Paris remonte à Desparcieux et à deux ingénieurs célèbres Perronet et de Chezy (1762). Les premiers mémoires en faveur des pompes à feu ne furent publiés qu'en 1769. (MAX. DU CAMP. *Paris*, t. V, p. 225.)

réservoirs d'une capacité de 13.000 mètres cubes, placés sur le coteau, dans une ruelle sans nom, baptisée communément *passage de la pompe à feu* (1).

Ces réservoirs étaient clos de murs. Dans la partie la plus élevée de l'enclos, on avait bâti, en 1783, un petit pavillon en briques dont la porte d'entrée était ornée de deux petites colonnes. Ce pavillon, dominant sur tous les environs, jouissait, dit Thierry, de la plus superbe vue.

Au point de vue technique, l'entreprise donna de très bons résultats. Le fonctionnement ne laissa rien à désirer et l'alimentation des maisons abonnées et des fontaines publiques fut régulièrement assurée. « Des robinets de décharge placés dans les rues, où sont les canaux de distribution, y faisaient jaillir à volonté la quantité d'eau nécessaire pour les nettoyer dans toutes les saisons. Des réservoirs avaient été établis dans les principaux quartiers à l'effet de fournir avec rapidité une abondance d'eau suffisante pour éteindre les plus violents incendies (2). » La pompe à feu rendait donc et devait rendre encore pendant de longues années des services réels à la population parisienne.

Mais la spéculation à la baisse s'empara de l'affaire et une campagne très violente (3), aidée du reste par l'approche de la Révolution, fut menée contre la compagnie, tout particulièrement par le comte de Mirabeau, le père du grand orateur (4).

Une liquidation devint inévitable (5).

C'est alors qu'un banquier réunit presque la totalité des actions et les vendit à la Ville de Paris.

Ce fut un désastre pécuniaire pour les frères Périer, et les graves événements politiques qui s'annonçaient n'étaient pas de nature à les récompenser de leurs patriotiques efforts.

On connaît ces événements. Le 14 juillet 1789, la Bastille est prise et son défenseur, M. de Launay, est massacré sur les

---

1. Un quatrième réservoir était en réserve, en cas d'accident ou de réparation.

2. HURTAUT.

3. Précis historique sur l'établissement des pompes à feu des sieurs Périer frères à Paris; leur manutention, régie, agiotage et les autres abus de l'administration et la situation cruelle de l'affaire, par les sieurs VACHETTE frères (1791).

4. Sur les actions de la Compagnie des eaux de Paris, par M. le comte DE MIRABEAU. Londres 1784.

5. Rapport du Comité de liquidation concernant la Compagnie des eaux de Paris, par Jean DE BATZ, député de Nérac. Imprimé par ordre de l'Assemblée nationale, 1790.

Entrée du Roi, année 1789

marches de l'Hôtel de Ville. Le même jour, M. de Flesselles, prévôt des marchands, est tué d'un coup de pistolet. Le 16, Bailly est nommé maire de Paris et M. de Lafayette commandant de la Garde Nationale parisienne. « Un maire de Paris, a écrit Michelet, un commandant de Paris, nommés sans l'aveu du Roi par les électeurs, ces places acceptées par des hommes aussi graves que Bailly et Lafayette, les nominations confirmées par l'Assemblée, sans rien demander au Roi, ceci n'était plus l'émeute, c'était une révolution, bien et dûment organisée (1). »

Cependant le Roi était toujours à Versailles. Après une longue hésitation, il se mit en route le 17 à 9 heures, « fort sérieux, triste, pâle ; il avait entendu la messe, communié, remis à Monsieur sa nomination de lieutenant-général, en cas qu'il fût tué ou retenu prisonnier. . . . .

« Sans gardes, mais entouré de 300 à 400 députés, il arriva à 3 heures à la Barrière de la Conférence (2), qui se trouvait près des bâtiments de la pompe à feu. Le maire lui présentant les clefs, dit : « Ce sont les mêmes clefs qui ont été présentées à Henri IV ; « il avait reconquis son peuple, ici le peuple a reconquis son roi. » Ce dernier mot, si vrai, si fort, dont Bailly même ne sentait pas bien la portée, fut applaudi vivement. »

La lithographie de Villain, que nous reproduisons, représente la voiture royale arrêtée devant la pompe à feu de Chaillot.

En 1790, la pompe à feu fut transformée en fonderie pour la fabrication du matériel d'artillerie destiné aux armées de terre et de mer (3). Elle construisait en outre quantité de machines, comme, par exemple, des mécaniques anglaises pour la filature du coton. Plus de quatre-vingts ouvriers forgerons et fondeurs y étaient employés sous la direction des frères Périer, qui demeuraient alors rue du Mont-Blanc, n° 24.

En 1804, la fonderie était en plein rendement. « Je ne conseille, a écrit Kotzebue, qu'à celui qui a envie de se faire une idée exacte

1. *Histoire de la Révolution française.*
2. Le Bureau de la Conférence fermait la chaussée du quai, où se trouvaient le port aux pierres de Saint-Leu et le port au marbre.
3. Après les journées des 13 et 14 vendémiaire (4 et 5 octobre 1795), dont Barras nous a laissé le récit, Bonaparte alors général en chef de l'armée de l'Intérieur, invita le directeur de l'arsenal de Paris à transporter à Brest les pièces de fer qui étaient à Chaillot et à faire casser les tourillons des pièces de rebut, afin de les mettre hors d'état de tirer. (Ma collection.)

de l'enfer des anciens, de visiter cet établissement. On y voit les roues et les chaînes d'ixion, le tonneau des danaïdes et les fantômes noirs qui peuplent le royaume de Pluton. A demi-rôti et assourdi par les coups effroyables qui retentissent de tous côtés, on fuit cet atelier de Vulcain, dont le mécanisme est si compliqué, qu'il faut posséder des connaissances de toutes espèces pour tirer quelque profit de tout ce que l'on y voit. »

A la mort des frères Périer (1818-1821), une société, au capital de un million, divisé en cent actions de 10.000 francs, se constitua pour l'exploitation de la fonderie. L'acte qui intervint porte la date du 15 février 1827.

La pompe à feu ayant été remplacée par de nouvelles machines installées à l'usine d'Auteuil sise entre le quai et l'avenue de Versailles, un peu en aval du pont Mirabeau, on a élevé sur l'emplacement du pavillon donnant sur le quai des maisons de rapport et percé une rue qui porte le nom des frères Périer.

Sur l'emplacement des anciens réservoirs, on a ouvert, en 1866-1867, une partie de la rue Freycinet, et, à la même date, les rues de Belloy et de Juigné.

Nous rappellerons que, non loin de la pompe à feu, coulait jadis un ruisseau dont on a retrouvé la trace en creusant les fondations de l'Opéra. Il prenait sa source au bas de Montmartre, irriguait les cultures maraîchères des faubourgs Saint-Martin, Saint-Denis et Saint-Honoré, et venait se jeter dans la Seine, au-dessous de la butte de Chaillot, sous un pont appelé le ponceau de Chaillot ou le pont de la Savonnerie.

L'HOSPICE DE SAINTE-PÉRINE

(1804-1859)

En 1804, MM. du Chailla et Gloux présentèrent à l'Impératrice Joséphine le projet d'un établissement dans l'ex-abbaye de Sainte-Périne, pour servir de refuge aux infortunes, alors si nombreuses, de la Révolution. C'était la réalisation de la pensée philanthropique qu'avait eue, avant eux, M. de Chamousset, intendant général des hospices de l'armée, qui, on le sait, consacra toute sa vie et sa fortune à créer ou à aider des institutions de bienfaisance (1).

Le projet fut accueilli avec un grand enthousiasme, et nombreux furent les souscripteurs qui s'inscrivirent pour assurer des places. Bonaparte, premier consul, souscrivit pour 30 places; l'Impératrice Joséphine pour 25 places.

« En principe, on y entrait après avoir atteint sa soixante-dixième année, à moins que l'on ne fût devenu, auparavant, malade et dénué de secours. On s'assurait l'entrée moyennant des versements mensuels : de 2 livres entre trente et quarante ans; de 3 livres entre quarante et cinquante ans; de 4 livres entre cinquante et soixante ans ; de 9 livres au delà de soixante ans, jusqu'à soixante-dix ans, soit au total 2.160 livres. Chacun avait une chambre à feu, le droit au service des domestiques. Un réfectoire était garni de tables à douze couverts, où l'on servait : à 8 heures du matin, du pain ; à 1 heure, un potage, du bouilli et des légumes; à 7 heures, des légumes, des fruits, du fromage et du pain blanc à discrétion. Chaque homme recevait quotidiennement une bouteille de vin et chaque femme une demi-bouteille. Le linge de lit et de toilette était blanchi et renouvelé périodiquement. Les malades recevaient, dans des pièces particulières, les soins d'un médecin, d'un chirurgien, d'un pharmacien et d'un garde-malade. Si l'on apportait des meubles, la maison en héritait au décès. On avait pour le beau temps, les vastes jardins conventuels; pour l'hiver, un salon de société où l'on trouvait les journaux et d'autres publications périodiques ou nouvelles (2). »

1. Claude-Humbert Piarron de Chamousset, né à Paris en 1717, mort en 1773.
2. *Histoire de Sainte-Périne*, par M. Tabariès de Grandsaigues.

Sainte-Périne pouvait recevoir 148 pensionnaires environ.

Les conditions d'entrée et d'existence fixées par les statuts permettraient-elles à MM. du Chailla et Gloux de faire face aux charges de l'établissement? Évidemment non, puisque, par la suite, on reconnut que le prix d'admission dans l'hospice était sans proportion avec les frais d'entretien des pensionnaires. Ces messieurs étaient-ils, comme quelques-uns l'ont affirmé, de mau-

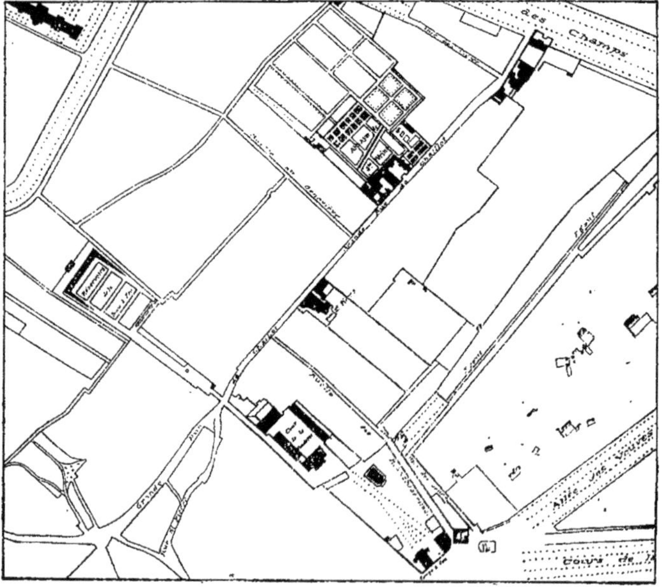

Plan de Paris (1836)

vais administrateurs, voire même des spéculateurs cherchant dans leur gestion, l'occasion de faire une bonne affaire? Nous nous garderons bien d'émettre un avis sur ce point délicat.

Ce qui est certain, c'est que, moins de deux ans après son entrée en fonction à Sainte-Périne, M. du Chailla, fondateur et Directeur général (ce sont les titres qu'il se donne), insiste pour qu'une décision soit prise « sur le moyen du pensionnat à l'année, infiniment moins coûteux que les admissions à vie » et il sollicita un secours financier de l'Impératrice Joséphine. « Jugez, je vous prie, ma position, écrit-il à Mme de la Rochefoucauld, dame d'honneur de Sa Majesté, et le nouvel embarras que j'aurois à surmonter, si vous n'avés la bonté de venir à mon secours. »

Voici, du reste, sa lettre (1) :

SAINTE-PÉRINE   DE CHAILLOT

fondation consacrée   à la vieillesse

SOUS LA PROTECTION SPÉCIALE DE S. M. L'IMPÉRATRICE ET REINE

Paris, le 17 septembre 1806.

à Madame de la Rochefoucauld, dame d'honneur de Sa Majesté l'Impératrice et Reine.

MADAME,

Je vous demande pardon de mon importunité ; elle est excusable par les tribulations que j'éprouve.

Le 2 de ce mois, j'ai eu l'honneur de vous écrire et je vous suppliais d'obtenir une décision de Sa Majesté l'Impératrice, sur le moyen du pensionnat à l'année, infiniment moins coûteux que les admissions à vie ; en voici un exemple :

Par ordre de Sa Majesté l'Impératrice, j'ai admis les personnes ci-après nommées, savoir :

Le 15 juin 1805, Mme la comtesse d'Avaugour, âgée de 76 ans.	700
Le 23 décembre 1805, M. l'abbé de Proisy, âgé de 60 ans.	800
Le 10 février 1806, Mme la comtesse Deshaules, âgée de 80 ans.	700
Le 12 mars 1806, Mme de Bergeon, âgée de 63 ans	700
Le 15 avril 1806, M. le marquis d'Autand, âgé de 81 ans. .	800
Le 23 mai 1806, M. Souhanneau de Maisonnais, âgé de 65 ans.	800
Le dit M. Aymonet, baron de Contreglise, âgé de 64 ans.	800
Le 26 mars 1806, M. l'abbé de Chaussard, âgé de 80 ans.	800
Le 22 juillet 1806, Mme de Broglie, âgée de 80 ans	700
	6.800

Voilà neuf personnes, Madame, qui peuvent jouir à Sainte-Périne des bienfaits de Sa Majesté l'Impératrice, pour une somme

1. De ma collection.

de 6.800 francs par année, qui s'éteindra à mesure des extinctions puisque, dans le nombre de ces neuf personnes, il y a quatre octogénaires.

Autre exemple :

En suivant le mode que M. Daru a détruit, l'admission de ces neuf personnes coûterait d'une part, 19.440 francs, et plus, la pension de cinq non septuagénaires à raison de 500 fr. par année jusqu'à l'âge de 70 ans.

Eh ! bien, Madame, en supposant que Sa Majesté veuille adopter le dernier moyen, il faudrait que je donne à M. Daru une nouvelle hypothèque de 36.000 francs pour 19.440 que j'aurois reçus.

Qui pourroit jamais croire, si je n'en avais la preuve par acte devant notaire, qu'on ait pu faire une pareille injustice au nom de Sa Majesté ; injustice que je ferois renverser par les tribunaux, sans le respect et la fidélité que me suggèrent mes principes pour Leurs Majestés et pour éviter un éclat.

Je vous supplie de nouveau, Madame, d'obtenir une décision de Sa Majesté l'Impératrice, je crains son départ et le vôtre, sans qu'il y ait rien de décidé ; jugé, je vous en prie, Madame, ma position et le nouvel embarras que j'aurois à surmonter, si vous n'avés la bonté de venir à mon secours,

Je suis avec respect,

Madame,

Votre très humble et très obéissant serviteur,

B. du Chailla.

Il y avait alors à Sainte-Périne, 130 pensionnaires.

Une situation aussi désespérée ne pouvait se prolonger.

Le 10 novembre 1807, l'administration des hospices civils de la Ville de Paris prit possession de l'établissement, qu'un décret du 1er avril 1808 réorganisa sur de nouvelles bases.

Maxime du Camp a écrit que l'hospice de Sainte-Périne était le *Louvre des hospices* et que l'on n'y recevait que *l'aristocratie de la pauvreté.* C'est que la pauvreté n'est pas toujours celle qui arrive à travers le rude travail, les privations de chaque jour et de chaque heure..., il en est une autre, née d'un revers imprévu qui, un jour, vient inopinément s'asseoir au foyer d'une famille naguère prospère ; et cette pauvreté-là est pleine de cruelles douleurs (1). Ajoutons qu'à aucune autre époque de notre histoire, après les grandes infortunes causées par la Révolution, la création d'un établissement comme celui de Sainte-Périne n'était plus justifiée.

Comme pensionnaires, nous relevons les noms des plus hautes personnalités politiques et militaires, des représentants des plus illustres familles de France : le marquis de Chambonas, ministre des Affaires Étrangères sous Louis XVI, qui remplaça Dumourier le 17 juin 1792 et qui, le 31 juillet suivant, était remplacé lui-même par M. Bigot de Sainte-Coix. Son ministère avait duré quarante-quatre jours. — Colombel, député des États Généraux, décédé le 25 janvier 1841. — La générale Compans, dont le mari, blessé à Austerlitz, fut fait comte de l'Empire en 1808 et pair de France sous Louis XVIII. — La comtesse Schomberg, etc.

Ce ne fut qu'à partir de 1849, que ce coin de Paris fut l'objet de transformations intéressantes.

Le grand chemin de Versailles (aujourd'hui rue Galilée), qui prit un instant le nom de *rue du Banquet,* en souvenir du fameux banquet de la Réforme, ayant été prolongé à travers le promenoir de Chaillot, depuis la rue Vernet jusqu'aux Champs-Élysées ; le percement des avenues Marceau (1854), Alma (1857) ; l'ouverture des rues Bassano, Christophe Colomb, Euler et Magellan, menaçant de tous côtés les magnifiques jardins de Sainte-Périne, cet établissement fut transporté à Auteuil, en 1859.

1. Rapport de M. Ferdinand BARROT, au nom de la Commission du Conseil de surveillance, en 1856.

LE CHATEAU DES FLEURS

A côté de Sainte-Périne, au n° 5 de la *rue des Vignes*, disparue en 1861 et rebâtie sous le nom de *rue Vernet*, se trouvait un établissement public, *le Château des Fleurs*, dont le nom lui venait sans doute de son voisinage avec la rue du Château des fleurs, créée en 1777 et qui servait de limite, de ce côté, au promenoir de Chaillot (1).

Le Château des fleurs occupait le quadrilatère limité aujourd'hui par les rues Vernet, Bassano, Euler et Galilée. Il fut ouvert sous le règne de Louis-Philippe. Tout d'abord rival du Bal Mabille, il en devint une succursale.

On y donnait des bals et des concerts d'été « d'un ordre plus élevé que les séances ordinaires des cafés chantants ».

Le prix d'entrée était de 3 francs dans la semaine et 2 francs le dimanche. Aussi était-il fréquenté par deux clientèles bien différentes.

« Autant, dans la semaine, on rencontre là de belles évaporées avec de grands airs et de riches falbalas, aux bras d'élégants dandies et de grotesques gandins qui s'imaginent en imposer à l'humanité par l'étalage de leurs habits coupés à la dernière mode — du ridicule, — autant le dimanche, on y rencontre d'honnêtes couples, des couples presque distingués, partis de chez eux, dans l'après-midi, pour une promenade au Bois de Boulogne, et qui, au retour, se sont laissé tenter par les gazouillements invisibles de

1. Ce promenoir, qui était une sorte de terrasse gazonnée et plantée d'ormes, avait été dessiné et aménagé en 1774. Il s'étendait de la rue des Vignes (rue Vernet) à la barrière de l'Étoile, en longeant l'avenue de Neuilly.

Rendu inutile par suite de la nouvelle enceinte, il fut question de le supprimer en 1790.

En 1852, une loi du 2 juillet concéda ce promenoir à la Ville de Paris, à charge par elle, de le remplacer par des promenades nouvelles, établies sur les parties latérales de la route départementale qui devait être ouverte entre la place de l'Étoile et la porte Dauphine du Bois de Boulogne.

Le promenoir de Chaillot fut supprimé par le percement des avenues Alma et Marceau (décret du 13 août 1854).

l'orchestre de Métra. » Et Delvau ajoute (1) : « Dans la semaine, presque tout le monde y vient seul, dans l'intention de s'en aller à deux ; les dimanches, les hommes y peuvent venir seuls, mais les femmes y viennent toujours accompagnées de leur mari... »

Des corbeilles de gazon et de fleurs, des massifs de jeunes arbustes et de plantes vertes naturelles faisaient du Château des Fleurs un lieu de rendez-vous fort agréable.

Il y avait un petit théâtre sur lequel débutèrent Marie Cabel et Mme Ugalde.

Ces deux grandes artistes ne sont pas les seules qui soient montées sur l'estrade d'un café-concert. Combien d'autres furent obligés, pour se faire connaître, de chanter ainsi en plein air : Renard, Pradeau, Berthelier, Gueznard et Michot, Mlle Saxe elle-même, pour n'en citer que quelques-uns, n'ont-ils pas dû se faire entendre sur les planches d'un café avant de paraître sur la scène de nos grands théâtres parisiens !

Le Château des fleurs disparut en 1866. Sur son emplacement, on prolongea la rue Bassano.

1. *Les Cythères parisiennes.*

LES HOTELS

LE PAVILLON DE LA MARQUISE DE POMPADOUR

LA MAISON DE SOPHIE ARNOULD

LA MAISON DE CADOUDAL

LES JARDINS JANSEN, MARBEUF
ET CHOISEUL-GOUFFIER

L'HOTEL DE M. DE GIRARDIN

L'HOTEL DE LA DUCHESSE D'ALBE

LE PAVILLON
DE LA MARQUISE DE POMPADOUR

La Marquise de Pompadour qui, en 1745 (1), succéda comme maîtresse du roi à Mme de Chateauroux, mourut à Versailles, en 1764, à l'âge de quarante-trois ans.

On sait l'influence néfaste que cette femme exerça, pendant dix-neuf ans, sur l'esprit faible de Louis XV. Il est juste cependant d'associer son nom à certains travaux ayant eu pour objet l'embellissement de Paris, tels que le percement de la *place Louis XV (place de la Concorde)* — la plantation des *Champs-Élysées* — la création d'établissements importants, comme la *Manufacture de Sèvres* et *l'École militaire.*

Pour surveiller de plus près les travaux de construction de cette École, travaux que dirigeait Gabriel le fils, le célèbre architecte du *Louvre*, de la *place de la Concorde* et du *château de Compiègne*, Mme de Pompadour fit bâtir sur le quai, appelé alors *quai de Chaillot* ou *de la Conférence*, un petit pavillon avec parc. Elle y vint fréquemment, attachant un intérêt réel au prompt achèvement de l'École Royale Militaire, qui venait d'être décidée, par un arrêt de janvier 1751, *pour l'instruction des cinq cents jeunes gentilshommes dont les pères auraient sacrifié leur fortune ou leur vie au service de la patrie.* « Je ne laisserai pas périr au port, écrivait-elle à Paris-Duverney, à la date du 15 août 1735, un établissement qui doit immortaliser le Roi, rendre heureux sa noblesse et faire connaître à la postérité mon attachement pour l'État et pour la personne de Sa Majesté. J'ai dit à Gabriel aujourd'hui de s'arranger pour remettre à Grenelle les ouvriers nécessaires pour finir la besogne. Mon revenu de cette année ne m'est pas encore rentré : je l'emploierai en entier pour payer les quinzaines des journaliers. J'ignore si je trouverai

1. Née en 1721, elle avait alors vingt-quatre ans.

mes sûretés pour le paiement; mais je sais très bien que je risquerai, avec grande satisfaction, cent mille livres pour le bonheur de ces pauvres enfants. »

Le souvenir de la Marquise de Pompadour et la création de l'École Royale militaire à laquelle elle a si heureusement attaché son nom reportent notre pensée vers une autre École militaire liée également à l'histoire de notre quartier. En dire un mot n'est donc pas nous éloigner de l'objet de notre étude.

Une *École des orphelins militaires en faveur des fils des vétérans de tous les grades militaires* fut fondée, en (1773), à l'extrémité droite de la rue de Sèvres, par M. le Comte de Pawlet. Elle contenait cent quatre-vingt-douze élèves, entretenus à ses dépens (1). Mais l'installation de la rue de Sèvres n'était que provisoire. M. le Comte de Pawlet avait acheté sur la butte de l'Étoile, entre Chaillot et le Bois de Boulogne, un terrain considérable et c'était là qu'il devait transférer, à un moment donné, l'École des orphelins militaires.

Ce projet n'eut pas de suite. Peut-être faut-il en chercher la cause dans l'opposition qui lui fut faite par le maréchal de Soubise, favori de Louis XV et l'un des amis les plus dévoués de la célèbre Marquise (2). Voici sur ce point d'histoire parisienne, la lettre que nous avons eu la bonne fortune de rencontrer (3) :

« Paris, ce 15 décembre 1786.

« Il y a quelque tems, Monsieur, que M. le Ch. Pawlet vint me parler du projet d'établissement, qu'il devoit entreprendre près de l'Étoile. Je lui répondis, que tout s'arrangeroit mieux, et plus facilement, si l'on se concertoit pour le choix du Terrein. La nouvelle muraille des fermiers généraux avançoit déjà dans la plaine. Je pensois que la maison pour les Orphelins militaires seroit mieux placée en dedans de cette muraille. M. le ch. de Pawlet y trouvoit des difficultés et préféroit de la construire au

---

1. Thiéry, *Paris tel qu'il était avant la Révolution*, donne des détails très complets sur cet établissement.

2. Charles de Rohan-Rohan et de Ventadour, prince de Soubise (1715-1787), gouverneur de la Muette, de Madrid et du Bois de Boulogne en 1770, charge qui fut supprimée à sa mort. « Son goût effréné pour les femmes, auxquelles l'âge le mettait hors « d'état de plaire, l'avait jeté dans un genre de vie scandaleux. Les filles de l'Opéra « composaient sa cour. » (*Mémoires de Beuzeval*, t. II, p. 24.)

3. De ma collection.

dehors, ce qui causera un vrai préjudice à l'entrée de la plaine
de Chaillot deja tres retrecie en cet endroit. Je devois aller recon-
noitre ce Terrein, même avec M. le ch. de Pawlet. Une grosse
fluxion sur les yeux m'empecha dans le moment de prendre jour
avec lui, et depuis je n'ai pu monter à cheval. Il m'a dit que rien
ne pressoit. Je suis toujours persuadé, Monsieur, que l'on peut
aisement former l'établissement des Orphelins militaires et ne
pas gater la plaine. C'est je crois le but qu'on doit se proposer,
et celui que je désire. Je compte aller dimanche à Versailles, et si
vous voulez me donner un moment, nous traiterons cet objet, qui
me paroit aisé à arranger.

« J'ai l'honneur d'être tres sincerement et tres parfaitement,
Monsieur, Votre tres humble et tres obéissant serviteur.

« Le M. DE SOUBISE. »

LA MAISON DE SOPHIE ARNOULD

Près du pavillon de Mme de Pompadour se trouvait une autre
petite maison. « On pouvait l'apercevoir, a écrit Edmond Four-
nier, au bout de la longue avenue où les bustes de Néron et
d'Agrippine surmontent les pilastres de la grille d'entrée. C'est
là que demeurait, en 1789, Sophie Arnould, célèbre actrice de
l'Opéra. »

Madeleine-Sophie Arnould débuta à la foire Saint-Germain
en 1758. Elle avait alors quatorze ans. « Le théâtre de l'Opéra-
Comique, a écrit Grimm, dans sa *Correspondance littéraire*, a fait
cet hiver (février 1758) une acquisition qui a attiré un monde
infini à son spectacle. C'est une jeune actrice de seize ans (elle
n'en avait que quatorze, étant née en 1744), d'une très jolie
figure, nommée Mlle Arnould. La beauté de son organe, jointe
au désir de plaire et de se former, tout fait concevoir d'elle les
plus grandes espérances à ceux qui aiment ce genre. »

Ses premiers pas dans le monde des théâtres furent précisément guidés par Mme de Pompadour.

« Ma chère enfant, lui dit la Marquise le jour où elle lui fut présentée, le bon Dieu vous a fait pour le théâtre ; vous êtes née délibérée comme il faut être : vous ne tremblez pas devant le public. » Et à quelques jours de cette visite, Mme Arnould recevait de Versailles un beau paquet aux armes du Roi. « Messieurs les gentilshommes de la Chambre la rendaient informée que la Reine venait d'admettre sa fille dans sa musique particulière et que la surintendance de la Maison lui en envoyait le brevet officiel. » Bientôt après, elle était attachée, par ordre du Roi, à la musique de Sa Majesté, et particulièrement à son théâtre de l'Opéra.

Sophie Arnould mourut à Paris, le **22** octobre 1802, à l'âge de cinquante-huit ans. Elle était née dans la chambre où fut tué, - dit-on, l'amiral de Coligny. Elle fut l'amie d'Helvétius. En 1771, elle se lia avec Bellanger, l'architecte de Bagatelle, qui fut son ami dévoué des mauvais jours.

A Sophie Arnould succéda le général Mallarmé, député à la Convention, décrété d'arrestation, ainsi que plusieurs autres de ses collègues, le 14 prairial an III (mai et juin 1795).

Le pavillon fut ensuite occupé par un pensionnat de demoiselles, puis par un agent de change.

Enfin, un café restaurant y était installé au moment de sa démolition.

GEORGES CADOUDAL

Georges Cadoudal, à l'instigation de gouvernements étrangers (1), débarqua le 21 août 1803, au pied de la falaise de Biville, avec l'intention d'assassiner le premier consul et mettre Louis XVIII à sa place. Il se rendit à Paris, où il devait

1. Au rapport de police, que nous reproduisons, était joint la note suivante : « Léridan a dit au château de Ham, que Georges recevait tous les ans de la cour de Russie 150.000 roubles et qu'il les avait touchés au moment où il a quitté Londres pour venir à Paris. » (Ma collection.)

se rencontrer avec les généraux Pichegru et Moreau et de nombreux complices.

Il descendit tout d'abord rue du Bac, au coin de la rue de Varenne, chez le marchand de vins Denaud ; puis il alla habiter le numéro 6 du quai de Chaillot, que l'un des conjurés, Bouvet

de Lozier, ancien officier, demeurant à Paris, rue Saint-Sauveur, n° 36, avait fait louer par la dame de Saint-Léger. C'est de cette maison que Cadoudal devait s'élancer avec ses compagnons sur le premier consul, au moment où ce dernier passerait sur le quai se rendant à Saint-Cloud.

« On accédait au pavillon d'habitation par un double perron de quatorze marches ; une première salle à quatre fenêtres était pavée de carreaux de marbre blanc et noir ; table de noyer pour huit couverts, chaises cannées de paille et de couleurs, dessus de portes représentant des jeux d'enfants, rideaux de mousseline des Indes « à mille raies », tel était le décor de cette pièce qui servait de salle à manger. Le salon suivant s'éclairait également de quatre fenêtres et contenait une ottomane et six fauteuils recouverts de velours d'Utrecht bleu et blanc, deux bergères en soie brochée, deux tables d'acajou à dessus de marbre. Puis venait la chambre à coucher avec son lit à colonnes, ses consoles, ses glaces. Au premier étage se trouvait un appartement de trois pièces et, dans un bâtiment voisin, était une grande salle qui pouvait servir de lieu d'assemblée ; le tout entouré d'un grand jardin, fermé, du côté de la berge, par une forte grille à deux vantaux (1). »

Georges et Pichegru y demeurèrent du **22** ou **23** janvier au 2 ou 3 février 1804. Ils y reçurent fréquemment Bouvet de Lozier, Armand de Polignac, Charles d'Hozier, Picot, Couchery, Lajolais, Joyaut dit Villeneuve, etc...

Georges, Bouvet de Lozier, de Rivière, Armand de Polignac et seize autres conjurés (2) furent condamnés à mort par le Tribunal criminel du département de la Seine ; cinq autres, au nombre desquels étaient le général Moreau et Jules de Polignac, condamnés à deux années d'emprisonnement ; enfin, vingt-deux acquittés.

La sentence de mort ayant été confirmée par la Cour de Cassation dans sa séance du 4 messidor an XII (23 juin 1804), les condamnés furent transférés de Bicêtre à la Conciergerie.

Voici le rapport de police qui relate ce transfert, l'attitude des condamnés et leur exécution. Il porte la date du 6 messidor (25 juin) (3) :

« Aujourd'hui, à une heure du matin, les condamnés Georges Cadoudal, Coster Saint-Victor, Roger dit Loiseau, Ducorps, Picot, Deville, Joyau, Burban, Lemercier, Lelan, Pierre-Jean Cadudal et Mérille, ont été extraits de Bicêtre et conduits à la maison de justice.

« Leur départ de cette première prison a paru leur faire une impression profonde.

1. Lenotre.
2. Roussillon, Charles d'Hozier, Rochelle, Ducorps, Picot, Lajolais, Roger, Coster dit Saint-Victor, Deville, Gaillard, Joyau, Burban, Lemercier, Cadudal, Lelan et Mérille.
3. De ma collection.

« En arrivant à la Conciergerie, ils étaient tous défaits et abattus, à l'exception de Coster et de Roger qui avaient repris leur ton de fermeté et d'assurance.

« Georges, en arrivant à la maison de justice, ne proféra point une parole ; son regard était morne ; il se jeta sur un lit, et ce ne fut que vers cinq heures et demie du matin qu'il reprit du calme et de l'assurance, qui ne firent que s'accroître jusqu'au moment du départ pour le supplice.

« Coster est celui qui a causé le plus longtemps et avec le plus de tranquillité.

« Il a dit à M. Veyrat, officier de paix, que le gouvernement avait fait une grande école en ne faisant point fusiller tous les conjurés, le lendemain de l'arrestation de Georges ; que tout Paris eut applaudi alors à cette mesure et qu'ils seraient morts dans l'infamie ; mais qu'en les livrant à la Cour de justice criminelle on leur avait mis cent pieds de gloire sur la tête.

« Je mourrai, ajouta-t-il, avec courage, mais ce qui me désole, c'est que j'aime ma patrie et je suis sûr qu'elle sera malheureuse.

« Puis, prenant un ton fort gai, il regardait en riant son habit de Bicêtre, coupé par deux couleurs tranchantes, et il disait :« Je ne ressemble pas mal à un arlequin des boulevards. »

« Il demanda si l'on avait fait périr Moreau ; sur la réponse négative, il ajouta : « Quant à Pichegru, nous nous verrons pro-
« bablement ce soir et il nous dira s'il s'est véritablement étranglé
« lui-même. »

« Il finit par dire à M. Veyrat qu'il avait mis dans sa conduite, lors de l'arrestation de lui Coster et de Roger, autant de courage que d'intelligence et d'honnêteté, mais qu'il était fort heureux qu'il ne l'eût pas tué, étant, ainsi que Roger, armé jusqu'aux dents.

« Coster, Roger, Mérille et Burban étaient dans la même chambre ; peu de moments après leur arrivée, ils firent la prière en commun, c'est Coster qui parlait tout haut ; ils finirent leur oraison en chantant un refrain portant en substance : « il est doux
« de mourir pour la religion et son Roi. »

« Roger, dit Loiseau, était dans la même situation d'esprit que Coster. Il disait en plaisantant qu'il avait encore, il y a quatre mois, trois pucelages : 1° Je n'avais jamais été arrêté, et M. Veyrat m'a pris à l'improviste dans mon lit ; 2° Je n'avais jamais été en prison, et le concierge de la Force a eu mes prémices à cet égard ; 3° Reste dame guillotine avec qui je vais faire connaissance tout à l'heure. Il fera chaud ce soir, et cela sera plus sérieux que dans le cabinet de M. Bertrand.

« Mérille affectait de montrer du courage quand ses trois compagnons lui parlaient ; mais il retombait bientôt dans l'affaissement, ne disait mot, et conservait un air vraiment féroce ; il dit à Veyrat que s'il n'avait pas compté se tirer d'affaire à la préfecture avec son faux passe-port, il l'eût poignardé au moment où il l'avait arrêté chez Denaud.

« Picot, valet de Georges, avait la tournure d'un homme ivre ou abruti ; il paraissait fort peu inquiet de tout ce qui allait se passer.

« Les autres condamnés n'ont rien offert de remarquable aux observateurs.

« Ils déjeunèrent tous avec appétit et mangèrent des viandes froides.

« Vers les 8 heures, MM. Voisin, curé de Saint-Etienne, demandé par Coster, et Kerravenan, prêtre de Saint-Sulpice, demandé par Georges, vinrent les confesser.

« D'autres prêtres se présentèrent spontanément, savoir :

« MM.

« Garnier, vicaire de Notre-Dame, qui confessa Louis Ducorps ;

« Froment, vicaire de la même église, pour Deville et Burban ;

« Leriche, vicaire de la même église, pour Cadudal ;

« Grisel, prêtre de Saint-Eustache, pour Roger ;

« Reinac, de Saint-Roch, pour Picot ;

« Saintpard, de Saint-Roch, pour Lelan ;

« Lutton, de Saint-Merry, pour Lemercier ;

« Callet, de Saint-Merry, pour Joyau ;

« Boileau, de Saint-Merry, pour Mérille.

« L'abbé Malmaison, prêtre de Saint-Merry, se présenta également, ne confessa personne, mais parla à quelques-uns des condamnés.

« Un gendarme, nommé Monasson, paraissant prendre beaucoup d'intérêt à Roger et à Coster, fit desserrer les fers de celui-ci qui, ensuite, les ôta tout à fait ; sur l'observation qu'on lui fit qu'il avait commis une imprudence, il répondit qu'on pourrait les ôter aux autres et s'en rapporter aux gendarmes. Il a montré beaucoup d'humeur de ce qu'on avait remis les fers de Coster.

« Dans un autre moment, Monasson étant assis près de Roger, parut lui faire quelques signes d'intelligence, murmura quelques mots entre ses dents, et parut montrer beaucoup d'humeur de la sévérité de la surveillance ; le lieutenant-colonel Rhedy l'a fait relever et arrêter.

« En sortant de la maison de justice, Georges dit à Picot : « Ah ! ça, ne va pas faire l'enfant. »

« Dans la route que ces individus parcoururent et qui était remplie par une foule immense, on entendit partout que l'expression de l'exécration et du mépris pour ces brigands, et on peut dire que l'opinion publique était généralement et fortement prononcée contre eux.

« Au moment où la tête de Georges est tombée, des cris mille fois répétés de : « Vive l'Empereur ! » se firent entendre parmi les spectateurs ; la même chose eut lieu après la mort de Picot et de Deville qui, à l'instant de périr, avait crié : « Vive la Religion ! vive le Roi ! »

« Deville, au moment où il est parti de la conciergerie, a déclaré qu'il avait confié, lors de son arrestation, une montre, un cachet, et une clef d'or au sieur Gille, maréchal des logis de la gendarmerie à Montmorency et que, lorsqu'il les lui a demandés, celui-ci a nié le dépôt.

« L'ordre et la tranquillité ont été parfaitement maintenus avant, pendant et après l'exécution, qui a eu lieu à 11 heures 1/4. La foule s'est ensuite promptement dissipée. »

Le procès-verbal se termine ainsi :

« Les huit condamnés qui ont obtenu leur grâce ont été transférés à 4 h. 1/2 du matin, du Temple au Palais de Justice. A 7 heures, la séance de la Cour de justice criminelle a été ouverte ; on leur a lu tour à tour l'acte de grâce. Puis, ils ont été déposés à la Préfecture de police et reconduits au Temple à 1 heure après-midi.

« On a remarqué que ces hommes ont paru bien peu reconnaissants, et ne pas attacher grand prix à la clémence de S. M. l'Empereur.

« L'ex-marquis de Rivière surtout, déplorait amèrement le sort des douze mis à mort et a dit qu'il souffrait autant que s'il mourait lui-même. »

Les condamnés auxquels Napoléon fit grâce, furent détenus dans les lieux ci-après :

Bouvet de Lozier, au château de Bouillon (1) ;

Armand Caillard, au même château ;

Frédéric Lajolais, au château de Bellegarde (2) ;

Louis Russillon, au château de Lourdes (3) ;

Charles d'Hozier, au château de Lourdes ;

François Rochelle, au château d'If (4) ;

Charles-François de Rivière, au fort de Joux (5). Il fut libéré en 1810 et envoyé à Nîmes ;

Armand de Polignac, au château de Ham (6), où fut également envoyé son frère, Jules de Polignac, condamné à deux ans de prison.

Quant au général Moreau, il quitta la France pour se rendre aux États-Unis.

Sept ans après, Bouvet de Lozier, celui-là même qui avait loué la maison du quai de Chaillot, écrivit la lettre suivante à Napoléon (7) :

« A Sa Majesté l'Empereur,

    « Sire,

« Dans sa clémence, Votre Majesté a bien voulu, par son décret du 24 juin 1804, commuer en quatre années de détention l'arrêt

1. Ville du Luxembourg sur la Semoy. Le duché de Bouillon fit partie, en 1793, des départements des Ardennes et des Forêts. Les traités de 1815 l'ont réuni aux Pays-Bas.

2. Entre les passages de Pertus et de Panissas, s'élève le fort de Bellegarde. C'est dans cette ville que fut enterré le général Dugommier, tué par un éclat d'obus qui l'atteignit à la tête, au moment où il se disposait à attaquer le centre de l'armée espagnole, retranchée dans Lampourdan. Son corps fut ramené ensuite à Perpignan, où il repose dans le cimetière de la ville.

3. Le château de Lourdes, qui n'a du reste rien d'intéressant, se présente sous un aspect très pittoresque. On y jouit d'une très belle vue sur la vallée et les Pyrénées, jusqu'au versant neigeux du Viguemale.

4. Petite île à 1.500 mètres de Marseille. Le château, qui sert aujourd'hui de prison d'État, a été construit par François Iᵉʳ en 1529.

5. Fort de Joux, près de Pontarlier, qui commande les routes et les voies ferrées près de Neuchâtel et Lausanne. C'est dans ce fort que furent enfermés Mirabeau et Toussaint-Louverture. Ce dernier y mourut en 1803. Ce fort, qui fut tout d'abord un château, date du xᵉ siècle et a été bâti par les sires de Joux.

6. Château du xiiiᵉ siècle. Napoléon III y a été enfermé après l'affaire de Boulogne, en 1840. Il s'en évada en 1846. La partie la plus curieuse du château est le donjon, dit Tour du connétable, qui a 33 mètres de diamètre et autant de hauteur, avec des murs de 11 mètres d'épaisseur.

7. De ma collection.

de mort prononcé contre moi le 10 précédent. Pénétré de la reconnaissance la plus vive pour mon auguste bienfaiteur, j'ai saisi toutes les occasions de manifester ce sentiment le plus profond de mon cœur. Mais, Sire, c'est en proie à la douleur la plus amère, accablé de tous les maux qu'entraîne à sa suite une détention de près de huit années, que j'évoque votre décret du 24 juin 1804, que je réclame ma liberté : que je vous la doive, Sire ; ce bienfait sera mille fois plus grand que le premier ! en effet, sans la liberté, la vie n'est qu'un bien pesant fardeau !

« Sire, je suis avec le plus profond respect de Votre Majesté, le très fidèle et très malheureux sujet,

« BOUVET DE LOZIER. »

Il parvint à s'échapper du château de Bouillon et passa en Angleterre.

Sous la Restauration, Bouvet de Lozier fut nommé Gouverneur de l'île Bourbon, qu'il défendit en 1815 contre les Anglais, puis maréchal de camp, chevalier de Saint-Louis et officier de la Légion d'honneur.

Louis XVIII le créa comte.

Il fut tué en duel à Fontainebleau le 31 janvier 1825. Il avait cinquante-six ans.

LES JARDINS JANSEN, MARBEUF
ET CHOISEUL-GOUFFIER

Le terrain compris aujourd'hui entre les rues de Chaillot et Marbeuf, les rues François Ier et l'avenue des Champs-Élysées, fut acheté, sous Louis XV, par un riche anglais, le chevalier de Jansen. Transformé par lui en un jardin, il devint l'une des merveilles de Paris.

En 1770, une portion de ce terrain fut revendue à M. de Chalabre, dont nous relevons le nom parmi les propriétaires de la rue de Chaillot. Le n° 76 d'alors lui appartenait. C'est là qu'est mort, le 29 janvier 1829, le comte de Barras, député de la Convention, membre du Directoire, auteur de curieux « Mémoires » publiés par M. G. Duruy.

L'entrée du jardin Jansen donnait sur l'avenue des Champs-Élysées. D'épais bosquets en masquaient la vue aux passants.

La grille placée à l'entrée de la rue de Chaillot, qui servait alors de limite à la Capitale, était contiguë au jardin. Une compagnie du régiment des Gardes suisses montait la garde. La limite de Paris ayant été reportée en 1787 à la Barrière de Neuilly, dite aussi de l'Étoile, l'ancienne grille de Chaillot fut démolie en 1788 et le corps de garde supprimé.

A la mort du chevalier de Jansen (2 décembre 1780), le jardin passa entre les mains de deux personnages de marque :

Le comte de Marbeuf qui administra la Corse en 1768 (date de la cession de l'île à la France) jusqu'en 1781 ;

Le comte de Choiseul-Gouffier, membre de l'Académie française, ministre d'État et pair sous la Restauration.

Le jardin fut enrichi par ce dernier de quantité d'arbres, d'arbustes et de fragments d'architecture rapportés en France à la suite d'un long séjour en Grèce, dont le récit fait l'objet d'un important ouvrage publié en trois volumes, de 1782 à 1820. M. de Choiseul-Gouffier mourut en 1817.

Le Louvre hérita de ses précieuses collections qui furent sauvées, sous la Révolution, grâce à un embargo sur le vaisseau prêt à faire voile pour l'Angleterre.

Presque à l'angle de l'avenue des Champs-Élysées et de la rue de Chaillot, emplacement occupé de nos jours par l'hôtel de Grammont, le comte de Choiseul-Gouffier avait fait construire un hôtel sur le plan du temple grec l'*Erechtéion*. L'hôtel était précédé d'une grille élevée sur l'emplacement de l'ancien corps de garde dont nous venons de parler. Cet hôtel deviendra l'hôtel de M. de Girardin, en 1844.

La Révolution opéra quelques changements dans ce coin de notre quartier. Le plus important fut la transformation d'une partie des jardins Marbeuf en un établissement public (1), dont

---

1. Ce jardin s'est appelé Idalie, puis Rosen-thal, enfin, sous la Restauration, jardin Marbeuf, reprenant ainsi son nom d'origine.

les frères Ruggieri, italiens très connus par leurs talents pyrotechniques, furent les directeurs.

On y entrait par l'avenue des Champs-Élysées.

En outre des représentations pyrotechniques, on y donnait des
bals. La danse était gratuite ; mais l'entrée se payait 0 fr. 75 les
jours ordinaires et 1 fr. 25 les dimanches et jeudis. L'orchestre
était dirigé par Veber. « A cette époque, a écrit Mercier (1), la
danse était, après l'argent, ce que les Parisiens aimaient le plus.
Chaque classe avait sa société dansante, et, du petit au grand,
c'est-à-dire du riche au pauvre, tout dansait. » Et Mercier ajoute :
« On danse aux Carmes, où l'on égorgeait ; on danse au noviciat
des Jésuites, on danse au couvent des Carmélites du Marais, on
danse au séminaire Saint-Sulpice, on danse aux Filles Sainte-
Marie, on danse dans trois églises ruinées de ma section et sur le
pavé de toutes les tombes que l'on n'a point encore enlevées : le
nom des morts est sous les pieds des danseurs qui ne l'aperçoi-
vent pas et qui oublient qu'ils foulent des sépulcres. »

Les feux d'artifices et les danses n'étaient pas les seules
distractions du jardin Ruggieri. Deux aéronautes célèbres y firent
des expériences fort intéressantes.

Le plus célèbre fut *Blanchard*, inventeur du parachute perfec-
tionné par Garneim. Le 7 janvier 1785, il avait franchi la mer
de Douvres à Calais, en compagnie du docteur anglais Gefferies,
ce qui lui valut le surnom de *Don Quichotte de la Manche*. Il
contribua largement à la vogue des Ruggieri. Il tomba de son
ballon et se tua à La Haye (1809).

Sa femme, qui lui succéda dans les exercices aéronautiques,
partit le **20 mars 1811**, de la cour intérieure de l'École militaire, pour annoncer dans toute la France la naissance du Roi de
Rome. Elle dut atterrir près de Lagny (Saône-et-Loire). Le 6 juillet **1819**, elle se tuait en tombant sur le toit d'une maison de la
rue de Provence.

L'autre aéronaute était *Calais*. En 1800, il convoqua au jardin
Marbeuf la foule à coups de grosse caisse. « Avec deux ailes
mécaniques adaptées à mes bras, disait-il, je m'élancerai dans
les airs du haut d'une colonne de cent pieds et je planerai

---

1. MERCIER, *Paris pendant la Révolution.*

au-dessus du jardin jusqu'à extinction de mes forces. » Les ailes se dérangèrent et causèrent sa chute. Il se blessa grièvement. Ayant voulu recommencer sa tentative d'*homme volant*, il se tua, en manœuvrant ses ailes au-dessous d'un ballon qui l'emportait à travers les airs.

Ajoutons que rien n'avait été oublié pour attirer la clientèle dans ce lieu de plaisir, que le Bureau central qualifie de *théâtre de l'égoïsme et de l'insouciance*. Travers y servait ses fameuses glaces, et on y trouvait jusqu'à un cabinet de lectures, avec tous les romans nouveaux.

L'HOTEL DE M. DE GIRARDIN

L'hôtel grec qu'avait fait construire le comte de Choiseul-Gouffier à l'angle de la rue de Chaillot et des Champs-Élysées, fut acheté par Émile de Girardin en 1844.

Delphine Gay, sa femme, vivait alors.

Dans le salon de cet hôtel, salon tout simplement peint en gris et meublé de perse à fleurages multicolores sur fond brun, Mme de Girardin aimait à s'entourer des plus illustres hommes de lettres de son temps Musset, Hugo, de Vigny, Balzac, Sainte-Beuve et Lamartine, pour ne citer que les plus assidus. Ce fut l'endroit de Paris où, pendant onze ans, on eut le plus d'esprit. Et comment aurait-il pu en être autrement ? « De l'esprit, a écrit Sainte-Beuve, on n'en avait pas plus qu'elle. Dans une soirée, à un dîner, dans un cercle, on n'est pas plus vif, plus amusant, plus inépuisable en mots piquants et en étincelles. De l'aplomb, de l'aisance, de la dextérité, de l'attaque et de la répartie, on n'en saurait charitablement désirer davantage (1). »

Mme de Girardin était née en 1805. A l'âge de dix-sept ans, elle avait adressé à l'Académie une pièce fort remarquée. Bientôt après, elle célébrait plusieurs des grands événements qui

1. *Causeries du Lundi.*

excitaient la sympathie générale : *la mort de Napoléon — la mort du général Foy*, etc., ce qui lui valut le surnom de *Muse de la Patrie*.

Mme de Girardin est morte le 29 juin 1855.

Émile de Girardin quitta peu après l'hôtel de la rue de Chaillot, qui fut démoli en 1860. « Terrain et matériaux de démolition sont en vente, a écrit Jules Lecomte. J'ai vu hier, dans la cour, les débris de ces hauts pilastres de stuc jaune de la salle à manger, contre lesquels on traînait, pendant les derniers jours de sa maladie, la chaise longue de la pauvre et vaillante agonisante. Cette salle à manger donnait sur une petite pelouse au centre de laquelle s'élevait une fontaine, formée du groupe des Grâces de Germain Pilon. Cette fraîcheur, cette verdure, le murmure de cette eau charmaient l'esprit à la fois si poétique et si pratique qui s'efforçait de dompter les cruelles souffrances du corps. »

Remarié avec la veuve du prince Frédéric de Nassau, M. Émile de Girardin vint habiter le nouvel hôtel qu'il avait fait construire rue Pauquet de Villejust, n° 40.

L'HOTEL DE LA DUCHESSE D'ALBE

En 1856, l'Impératrice Eugénie, désirant disposer d'une habitation pour recevoir les membres de sa famille, acheta l'hôtel du marquis de Lauriston, 79, avenue des Champs-Élysées.

M. Lefuel, architecte du Louvre, fut chargé de la restauration de cet hôtel. Il en fit un des plus agréables de la capitale.

L'hôtel d'Albe, qu'on appelait aussi Villa Eugénie, tenait de la ville par ses superbes jardins qui avaient été augmentés par l'achat de ce qui restait du jardin Marbeuf et d'une partie du jardin de l'hôtel de Girardin ; il tenait du palais, par l'élégance de son architecture, la somptuosité de son ameublement, les richesses artistiques qui le décoraient. Des Champs-Élysées, on pouvait admirer une belle statue en marbre blanc, œuvre de Canova.

L'achat de l'hôtel du marquis de Lauriston avec ses dépendances et les nouvelles acquisitions avaient coûté, dit-on, à l'Impératrice Eugénie la somme de trois millions.

1856 ! Le beau temps de l'Empire.

Sous l'habile direction du baron Haussmann et de son éminent collaborateur Alphand, les vieux quartiers disparaissent, Paris devient la plus belle capitale du monde, le commerce et la richesse privée prennent un merveilleux essor.

Il faut lire dans les journaux du temps, les fêtes qui se sont données de 1856 à 1867, auxquelles assistait l'élite de la société parisienne et dont l'éclat était encore rehaussé par la présence de l'Empereur et de l'Impératrice (1).

Mais que ces souvenirs sont loin de nous !

Le duchesse d'Albe est morte dans son hôtel des Champs-Élysées. Son corps fut transporté à Valence par le yacht la *Reine-Hortense*. « Si j'avais à dessiner le mausolée, a écrit Ch. Yriarte, je voudrais placer aux pieds de l'illustre morte, l'ange de la charité, les ailes déployées, inscrivant sur des tablettes d'or le nombre de ses bonnes œuvres. »

Obéissant à une coutume espagnole, l'Impératrice fit détruire l'hôtel en 1861.

Sur son emplacement, fut ouverte la rue d'Albe qui, depuis 1879, porte le nom de Lincoln.

1. V. *Le Monde illustré* des 28 avril et 5 mai 1860.

PRINCIPAUX HABITANTS

DE CHAILLOT

PRINCIPAUX HABITANTS DE CHAILLOT

(Il s'agit, bien entendu, de quelques-unes des personnalités les plus connues. — La liste en est indiquée par lettre alphabétique.)

ALBONI MARIETTA, célèbre cantatrice italienne, élève de Rossini.

BAILLY (Jean-Silvain), maire de Paris. Il aurait été, dit-on, nommé marguillier de la paroisse de Chaillot, à la place du chevalier de Jansen, sujet anglais, fort riche, dont les jardins avaient alors une grande réputation. Mais Bailly s'en défend. « Je n'ai jamais fait les fonctions de marguillier, hors une réception, a-t-il écrit dans ses *Mémoires*. Les marguilliers étaient presque sans activité lorsque je suis sorti de place, et la constitution d'ailleurs a proscrit toutes ces places d'honneur, qui ne sont pas compatibles avec l'égalité. »

C'est dans la maison de Bailly que les membres du Comité des subsistances tinrent leurs séances pendant l'année 1789.

BALZAC (Honoré de) (13, rue des Batailles). De la rue Cassini, où il était venu habiter en 1829, Balzac vint, en 1834, demeurer au 13 de la rue des Batailles. « Mon adresse, écrit-il à M. Zulma Carraud (novembre 1834) n'a jamais varié : toujours Mme veuve Durand, 13, rue des Batailles. »

BAROCHE, député, sénateur, ministre. L'un des soutiens les plus dévoués de la dynastie impériale.

BARRAS (rue de Chaillot, 76), membre du Directoire exécutif. « Presque en face de Sainte-Périne, a écrit J. Sandeau, est une maison entourée d'un jardin. En 1815, un homme vint vivre et s'éteindre dans l'obscurité et l'oubli. C'était Barras. »

Mme de Barras, toujours bienveillante pour la vie agitée de son mari, s'était retirée dans un pavillon, au fond de la maison.

BIRON (Armand-Louis de GONTAUT, duc de LAUZUN et duc de) (rue Basse-Saint-Pierre). Député de la Noblesse aux Etats généraux, Général en chef de l'armée du Rhin, puis des côtes de la Rochelle en 1793. Accusé par Carrier, il fut arrêté et condamné à mort (décembre 1793). Il a laissé des *Mémoires*.

La comtesse DE BLOT. « La précieuse comtesse de Blot », a écrit
la marquise de Carriacoli à d'Alembert. Elle était une des amies
politiques de Necker.

BOURDON-NEUVILLE (rue de Chaillot, 97). Le mari de la Montansier,
célèbre actrice française et directrice de théâtre (Palais-Royal).

Mlle BOURGOIN (Marie-Thérèse-Etiennette), célèbre actrice du
théâtre Français. « Distinguée et spirituelle, ses bons mots
ajoutèrent encore à sa réputation très justifiée. »
Son tombeau est au Père-Lachaise.

Lord CHATHAM (rue de Chaillot, 24-26). Homme d'Etat anglais,
y résida sur la fin du règne de Louis XV.
Napoléon acheta cet hôtel et les jardins, pour la construction du palais du Roi de Rome.
M. de Rancey acheta ensuite le tout sous Louis-Philippe,
alors que l'hôtel était habité par la comtesse Potocka.

CHEVALIER (quai de Chaillot), architecte. L'hôtel de M. Chevalier
avait été construit pour son usage personnel, en 1783.
MM. Legrand et Landon, dans leur *Description de Paris*, donnent la description intérieure et une vue de ce charmant hôtel.

CHOPIN (rue de Chaillot), célèbre compositeur. Il vint habiter
Chaillot dans un appartement dont le loyer était de 400 francs
par an, que dans sa détresse pécuniaire il ne pouvait même pas
payer. Miss Sterling était là fort heureusement. Il y resta peu
de temps. Il quitta la rue de Chaillot pour aller habiter au
n° 12 de la place Vendôme.

LES DAMES DE L'ASSOMPTION (rue de Chaillot, 94). La maison
conventuelle se trouvait rue de Chaillot, 94. Elle fut achetée,
en 1858, ainsi que deux terrains situés avenue Marbeuf, n° 13,
par M. de Morny. (Les dames de l'Assomption étant expropriées,
avaient été autorisées à s'établir à Auteuil, dans le château de
la tuilerie, qui, par la suite, fut habité par plusieurs personnages importants et, de notre temps, par M. Thiers.)

DANGÈS (rue de Chaillot), ancien député royaliste du commencement de la Révolution. Il mourut dans la misère.

DEBURE (Guillaume-François) (rue de Chaillot, 69), libraire.
Auteur de la *Bibliographie instructive,* 7 vol. in-8 (1763-1768).

Desrodet (rue de Chaillot), médecin, écrivain. Représentant du peuple en 1848.

Mlle Dumesnil (Marie-Françoise Marchand dite) (rue Basse-Saint-Pierre). Tout d'abord comédienne de campagne ; elle débuta au théâtre Français le 6 août 1737, par le rôle de Clytemnestre, dans « Iphigénie en Aulide ».

Telle était la puissance de son jeu, dans « Cléopâtre », qu'elle fit reculer le parterre d'effroi pendant la scène des imprécations.

Pensionnée par la Convention, on lui donna un logement au Louvre.

Ses *Mémoires* ont été publiés par Coste.

Elle prit sa retraite en 1776.

Duval (rue des Batailles), docteur en médecine. « Au premier rang des maisons de santé, a écrit A. Luchet, dont la rue des Batailles est en partie bordée, il faut placer sans contredit l'établissement orthopédique des docteurs Lafond et Duval » (Fondé en 1822).

Echeville (comte d'), dont on venait voir le Cabinet d'histoire naturelle.

Mme d'Epinay (rue des Batailles). « Il n'y a pas de livre qui nous peigne mieux le xviiie siècle, la société d'alors et les mœurs, que les *Mémoires* de Mme d'Epinay (*Causeries du Lundi, Sainte-Beuve*).

Erard (Sébastien) (rue de Chaillot, 74), le grand facteur d'instruments de musique, qui acheta la Muette en 1820. Il y mourut en avril 1831.

Sa magnifique collection de tableaux fut vendue en 1832.

Estrades (l'abbé d') mourut à Chaillot. Il était le fils du maréchal d'Estrades. « Il avait très bien réussi à Venise et à Turin, a écrit *Saint-Simon*, où il avait été Ambassadeur, mais s'y était fort endetté. Il vécut fort exemplairement et fort solitairement à Chaillot. »

Flandrin (Hippolyte) (rue de Chaillot, n° 3), célèbre peintre, élève d'Ingres. « Il représente, a écrit Beulé, le mouvement religieux que le Génie du christianisme et les Méditations politiques représentent dans les lettres. » Mort en 1864.

Gabrielle d'Estrées a habité rue des Batailles (avec Henri IV) en 1593.

M. et Mme Gastelier (rue de Chaillot, 97). Marat, dit-on, demanda en mariage une des filles de M. et Mme Gastelier..., sans succès.

Mme de Genlis (Stéphanie-Félicité) (rue de Chaillot, 10). Elle a décrit cette maison de Chaillot, dans laquelle elle passa quatre mois. « La maison est dans l'enceinte de Paris, mais tellement à une de ses extrémités qu'on peut se croire à la campagne. Elle est agréablement située et composée de deux pavillons séparés par une jolie cour ombragée par les tilleuls. De là, quelques marches conduisent à un jardin ravissant tout en arbres verts formant des allées découvertes et des berceaux. »

Mme de Genlis, qui fut institutrice des enfants du duc d'Orléans, a laissé des *mémoires* « qui donnent l'idée d'une femme très occupée du monde, de ses anciens usages, et non exempte de ses préjugés ». (*Louis-Philippe, par Denis Cochin.*)

Gouttard (Mathieu) (rue de Chaillot, n° 64), médecin ordinaire du Roi (Louis XV).

Guilleminot (rue de Chaillot, 76), général et diplomate. Mis en réforme à la suite de la conspiration de Cadoudal (1803), il fut, en 1805, attaché à l'Etat-Major de la Grande Armée.

Chef d'Etat-Major de l'armée rassemblée sous Paris par Davoust en 1815.

Pair de France, ambassadeur en Turquie (1824-1831). Mort au 82 de la même rue.

Frère Jean du Houssaye, célèbre reclus du Mont-Valérien. Né à Chaillot. Mort en odeur de sainteté le 5 août 1609, à l'âge de soixante-dix ans.

Le Père du Breuil, qui l'avait bien connu, a écrit que « Jean du Houssaye, d'admirable et inimitable humilité, consolait ceux qui allaient le voir ». Sa vie a été écrite par Colletet et de la Croix.

Janin (Jules) (rue de Chaillot, n° 13), critique célèbre. Répétiteur à la pension de garçons, fondée par M. Granet, au 15 de la rue de Chaillot.

Kléber (le Général), a habité Chaillot pendant les années 1796-1797. Assassiné en Egypte (1800).

Latour (Maurice-Quentin de), célèbre pastelliste.

Vers la fin de sa vie, Maurice-Quentin de la Tour résida quelque temps dans une maison de santé à Chaillot. Il légua du reste à Marie Fel, de l'Opéra, une maison qu'il possédait dans ce village, avec son mobilier et ses tableaux.

Lauzun (duc de). « Le prétendant (Jacques III) partit déguisé de Bar, accompagné de trois ou quatre personnes seulement, vint à Chaillot où M. de Lauzun avait une ancienne petite maison, où il n'allait jamais, et qu'il avait gardée par fantaisie, quoiqu'il eut celle de Passy, dont il faisait beaucoup d'usage. Ce fut là où le Prétendant coucha, où il vit la Reine sa mère, qui était souvent et longtemps aux Filles de Sainte-Marie de Chaillot ; et de là partit pour s'aller embarquer en Bretagne par la route d'Alençon, dans une chaise de poste de Torcy. » (*Saint-Simon.*)

Lemoyne de Villarsy, écrivain agronome. Mort à Chaillot en 1819.

Lesueur (Jean-François) (rue des Batailles, 18), membre de l'Institut. Surintendant de la musique du Roi.

Mme de Maintenon. Saint-Simon écrit qu'elle passait un temps considérable à Chaillot.

Mézeray (F. Eudes de), célèbre historiographe. Il avait une maison de campagne à Chaillot.

« On dit qu'il avait eu dessein de se faire enterrer dans l'enclos de cette maison, sur une éminence à l'extrémité de sa vigne, et de s'y faire construire une espèce de mausolée en pyramide, soutenue d'un piédestal, orné de bas-reliefs, où devaient être gravés cinq ou six volumes, avec le titre d'anecdotes et une inscription. Il avait eu même la témérité de nommer l'abbé de la Chambre pour exécuteur d'un projet si bizarre. » *(Hurtaut.)*

Molé (François-René) (rue de Chaillot, 82), doyen de la Comédie Française. « Comique sublime dans les *Vieux Célibataires, le Philinthe, le Bourru bienfaisant, le Misanthrope.* Molé vient de mourir (1802). Sa perte est irréparable. » (*Le coup de fouet.*)

Morny (Charles duc de) (rue de Chaillot, 94), homme politique (V. Dames de l'Assomption).

La rue Pierre-Charron s'est appelée rue de Morny (décret du 2 octobre 1865).

Nitot (rue de Chaillot, n° 15), joaillier de la Couronne. M. Nitot avait acheté, en 1810, un terrain de 75.000 mètres, clos de murs, compris entre la rue de Chaillot et l'ancien mur d'enceinte. Ce terrain était connu sous le nom de *clos Nitot*.

Le colonel Nitot, le comte Treilhard, le sénateur Boittelle, le baron d'Erlanger en étaient propriétaires en 1869. Il fut cédé à la Ville de Paris pour ouvrir une rue qui prit le nom de rue Nitot (*Doniol*).

Noury (rue de Chaillot), conseiller au grand Conseil de Louis XVI.

Périer (Casimir) (rue des Vignes), ancien Président de la République. Il était né dans l'un des deux petits hôtels bâtis par M. Fonteuillet, notaire, sur l'emplacement qui a été occupé par l'Élysée Palace.

Petit (Jean-Louis) (rue de Chaillot), chirurgien célèbre. De l'Académie Royale des Sciences, de la Société Royale de Londres, censeur et démonstrateur royal, ancien prévot de Saint-Côme, ancien directeur et secrétaire de l'Académie royale de chirurgie. Mort en 1750. « Il avait de l'esprit, a écrit *Saint-Simon*, du savoir, de la pratique et de la probité. Et cependant il est mort sans avoir jamais voulu admettre la circulation du sang. »

Pinel (Philippe) (rue de Chaillot, 94), médecin en chef de l'hôpital de Bicêtre, il usa, vis-à-vis des aliénés, de moyens doux et humains. Il fut également médecin en chef de la Salpêtrière et professeur à l'École de Médecine. On a de lui plusieurs ouvrages.

« Arrêtez-vous un instant sur l'emplacement du jardin Marbeuf. Cette maison est celle du docteur Pinel. Là, bien de jeunes écrivains politiques sont venus reposer leur corps fatigué et expier leur âme infatigable : Marrast, Philippon, Bascans, et tant d'autres. » (*J. Sandeau, le Livre des cent un.*)

Pitt (William) (rue des Batailles), premier comte de Chatham, Ministre anglais.

Prévost d'Exiles (l'abbé). A la vente de M. Benjamin Fillon, en 1878, une lettre de l'abbé Prévost, adressée à M. de l'Estang et datée de Paris, 30 juillet 1746, intéresse le séjour que fit à Chaillot l'auteur de *Manon Lescaut*.

Cette lettre est une des plus remarquables qu'on connaisse.

« Je commence par vous apprendre que j'ai quitté depuis trois semaines le séjour de Paris, la Grandville. A cinq cents pas des Tuileries s'élève une petite colline, aimée de la nature, favorisée des cieux. C'est là que j'ai fixé ma demeure pour trois ans, par un bail en bonne forme, avec la gentille veuve, ma gouvernante, Loulou, ma cuisinière et un laquais. Ma maison est jolie, quoique l'architecture et les meubles n'en soient pas riches. La vue est charmante, les jardins tels que je les aime Enfin, j'y suis le plus heureux des hommes. Cinq ou six amis, dont je me flatte que vous augmenterez le nombre à votre retour, y viennent quelquefois rire avec moi des folles agitations du genre humain. Ma porte est fermée à tout le reste de l'univers. »

(Cette lettre figure également dans le catalogue de la bibliothèque Meilhac, vente faite en mai 1922.)

Raucourt, célèbre acteur de la Porte-Saint-Martin.

G. Sand. Dans les *Mémoires de ma vie*, G. Sand parle de son séjour à Chaillot (t. IV, p. 99, édit. de 1846) :

« Je ne crois pas avoir revu cette maison de Chaillot depuis 1808, car, après le voyage d'Espagne, je n'ai plus quitté Nohant jusqu'à l'époque où mon oncle vendit à l'État sa petite propriété qui se trouvait sur l'emplacement destiné au palais du Roi de Rome. Que je me trompe ou non, je placerai ici ce que j'ai à dire de cette maison qui était alors une véritable maison de campagne, Chaillot n'étant point bâti comme il l'est aujourd'hui...

« Le jardin était un carré long, fort petit en réalité... Il était régulièrement dessiné à la mode d'autrefois; il y avait des fleurs et des légumes; pas la moindre vue, car il était tout entouré de murs; mais il y avait au fond d'une terrasse sablée à laquelle on montait par des marches en pierre, avec un grand vase de terre cuite classiquement bête de chaque côté, et c'était sur cette terrasse, lieu idéal pour moi, que se passaient nos grands jeux de bataille, de fuite et de poursuite. »

Servandoni (rue de Chaillot), peintre et architecte. Ce fut lui qui construisit le portail de Saint-Sulpice.

Il était propriétaire d'une villa qui se trouvait avant la ruelle Sainte-Marie.

Les Sœurs de la Providence (rue de Chaillot, 72).

Talma, tragédien célèbre. C'est à Chaillot qu'il commença ses études.

Il fut le réformateur du costume au théâtre, réforme déjà tentée par Lekain et Mlle Clairon. Il fut l'ami de David, le peintre.

Napoléon le reçut fréquemment en particulier et lui donna des preuves publiques de son estime.

Il se maria deux fois : avec Julie Carreau, avec laquelle il divorça — avec Charlotte Vanhove, qui débuta à la Comédie-Française en 1785.

Théaulon (rue de Chaillot, 35), vaudevilliste. Il demeurait dans un cottage arrangé par lui. Il était membre de la Société du Caveau, fondée en 1805 par Capelle et Armand Gouffé, dont Laujon était le président.

Théaulon fit jouer un très grand nombre de pièces, dont quelques-unes très piquantes, pendant la Restauration.

Il collabora avec Alexandre Dumas et Frédéric de Courcy.

Toulongeon (Vicomte de) (rue de Chaillot, 74), député de la Noblesse aux États Généraux. Député de la Nièvre en 1802.

Il a laissé plusieurs ouvrages :

L'éloge véridique de Guibert, dont il fut l'ami; *Histoire de France depuis la Révolution de 1789*, 4 vol. in-4°; des *Commentaires de César*, 1813, 2 vol. in-12, etc., etc.

Treilhard (rue des Batailles), jurisconsulte. Ministre sous l'Empire.

Tronchin (Théodore), médecin. Professeur de médecine à Genève. Membre associé de l'Académie des Sciences de Paris (1709-1781).

Vaucresson (Martin de) (rue de Chaillot), président des Trésoriers de France au bureau des Finances.

Vivonne (Louis, duc de), maréchal de France. Le frère de la Montespan. L'ami de Boileau et de Molière.

TABLE DES MATIÈRES

P. MERSCH, L. SEITZ & Cie, Imp., 17, villa d'Alésia, PARIS-14e

OUVRAGES DU MÊME AUTEUR :

L'Hôtel de la Reine Marguerite, première femme de Henri IV. — Paris. Léon WILLEM, 1 vol. 1881 (De la collection des Bibliophiles parisiens).

La rue du Bac. Monographie parisienne. Paris. MERSCH. 1 vol. 1894.

Histoire générale des Ponts de Paris. Paris. MERSCH. 2 vol. 1911.

P. MERSCH, L. SEITZ & Cie, Imp., 17, villa d'Alésia, PARIS-14e

9 782329 210506